KB200355

감사의 7가지 언어

감사의 7가지 언어

지은이 | 오규훈
초판 발행 | 2019. 9. 18
3쇄 발행 | 2019. 11. 23
등록번호 | 제1988-000080호
등록된 곳 | 서울특별시 용산구 서빙고로65길 38
발행처 | 사단법인 두란노서원
영업부 | 2078-3352   FAX | 080-749-3705
출판부 | 2078-3331

책값은 뒤표지에 있습니다.
ISBN 978-89-531-3596-3 03230

독자의 의견을 기다립니다.
tpress@duranno.com   www.duranno.com

두란노서원은 바울 사도가 3차 전도여행 때 에베소에서 성령 받은 제자들을 따로 세워 하나님의 말씀으로 양육하던 장소입니다.
사도행전 19장 8~20절의 정신에 따라 첫째 목회자를 돕는 사역과 평신도를 훈련시키는 사역, 둘째 세계선교(TIM)와 문서선교(단행본·잡지) 사역, 셋째 예수문화 및 경배와 찬양 사역, 그리고 가정·상담 사역 등을 감당하고 있습니다. 1980년 12월 22일에 창립된 두란노서원은 주님 오실 때까지 이 사역들을 계속할 것입니다.

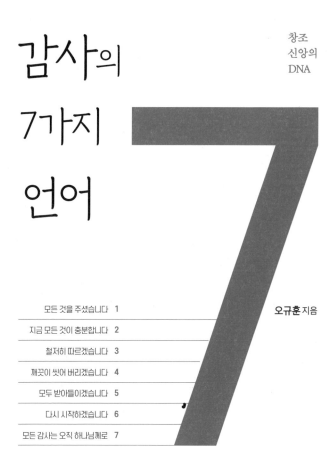

감사의 7가지 언어

창조
신앙의
DNA

7

오규훈 지음

두란노

'감사'라는 주제는 참 쉬우면서도 어려운 것 같습니다. 하루에도 몇 번씩 "감사합니다" "고맙습니다"라고 말하지만, 그 의미를 한마디로 설명하기는 쉽지 않기 때문입니다. 교회뿐만 아니라 세상에서도 감사가 중요하다고 합니다. 세상에서는 작은 것에도 감사하는 마음을 가지면 삶의 태도와 인생이 바뀐다고 하지요.

그런데 이 책에서 말하는 감사는 조금 다릅니다. 감사는 창조 신학의 핵심이며 나아가 우리 삶에도 감사 신학이 필요하다고 이야기합니다. 이론에만 머물지 않고 감사하는 삶에 대한 실천적인 부분도 함께 다루고 있습니다. 은퇴를 앞둔 저자가 이제야 얻게 된 감사에 대한 깊은 깨달음을 전해 주고자 하는 절절한 마음이 느껴지기에, 이 책을 더 진지한 자세로 마주하게 됩니다.

책을 읽으면서 감사에 대해 미처 생각하지 못했던 통찰을 얻을 수 있었습니다. 특히 "감사는 노력해서 얻어지는 결과가 아니라 하나님이 우리를 창조하실 때 마음속에 새겨 넣으신 덕목"이라는 구절이 제 마음에 크게 울렸습니다. 그렇습니다. 우리는 모두 감사 DNA를 가지고 있으며 감사할 능력이 있습니다.

많은 이들이 이 책을 읽고 감사의 7가지 언어의 의미를 곱씹어 실천할 수 있으면 좋겠습니다. 하나님이 우리를 창조하실 때부터 심어 주신 감사를 회복하기를 바랍니다. 좋은 책을 써 주신 오규훈 총장님께 감사합니다. 그리고 좋은 책을 만나게 하신 하나님, 감사합니다!

김병삼 목사 _ 만나교회

단순한 경건 서적이라 생각하고 읽기 시작했습니다. 그러나 이 책은 신학 서적이었습니다. 저자가 밝힌 것처럼 '감사 신학'이라고 제목을 붙여야 좀 더 어울리지 않을까 생각할 정도로 감사가 사라진 시대의 원인을 신학적으로 제시하고 있습니다. 그러나 여느 딱딱한 신학 서적과는 다르게 이 책은 한 장 한 장 읽어 갈수록 따뜻하고 훈훈한 감동이 밀려왔습니다. 목회자이며 학자이신 오규훈 총장님의 마음이 고스란히 묻어난, 이 시대에 찾기 힘든 책이라는 생각이 듭니다.

감사가 사라진 타락한 마지막 시대에 대항하는 근본적인 해결책을 창조의 섭리에서부터 깊이 있게 파헤치며, 동시에 감사의 7계명을 구체적으로 제시하여 구원 받은 자들이 놓칠 수 있는 실천 사항들을 감동적으로 전개하고 있습니다.

이 책은 의식 없는 무조건적인 감사가 아니라, 원인을 분석하고 구원의 감격과 능력을 매일의 삶 속에서 누리도록 '감사 신학'을 제시합니다. 좀더 밝은 사회와 건강한 교회를 이루기 위해 우리 모두가 읽어야 할 책이 분명합니다.

김한요 목사 _ 베델교회 얼바인

감사는 흔히 삶의 자세나 태도의 차원에서 다루어집니다. 또는 성숙한 신앙인의 내면의 표현으로 이해되어져 왔습니다. 그러나 이 책에서 감사는 창조 신앙의 중심에 있습니다. 감사를 신학적 구조의 틀로서 새롭게 조명하고 있는 것입니다.

이 책은 감사에 대한 새로운 차원을 다루는 동시에 삶 속에서 살아 움직이는 감사의 가치와 존재를 깨닫게 합니다. 이 책을 읽고 나면 우리 인생 가운데 감사가 더욱 깊어져 신앙고백으로 자리매김할 것입니다.

김형준 목사 _ 동안교회

다른 나라로 여행을 갈 때 필요한 한 마디를 꼽으라고 하면 단연 "감사합니다"(Thank you!)일 것이다. 하나님 나라는 더욱 그러하다. 그간 감사에 대해서 체험적 지혜를 나눈 책들은 많았지만, 깊이 있는 신학적 통찰을 제시하는 책은 드물었다. 이 책은 성경 전체를 아우르면서, 특히 창세기 1-3장에 집중하여 감사가 성경적 신앙의 중추임을 밝힌다. 창세기 1-3장은 인류와 세계의 기원에 관한 내용으로 인간의 본질, 그 곤경과 가능성을 제시하는 깊이 있는 샘과 같다. 오규훈 목사는 목회자의 영성, 신학자의 분석력, 상담가의 따뜻한 감성과 신학대학교의 총장까지 지낸 경험으로 그 샘에서 생수를 길어내 우리에게 전한다. 따뜻한 필치로 부드럽게 쓰였으나, 쉽게 책장을 넘길 수 없다. 자꾸 자신을 돌아보게 되고, 문득 문득 내 삶의 감사 제목을 찾아 고백하게 하기 때문이다.

박영호 목사 _ 포항제일교회

감사라고 하는 중요하지만 익숙한 주제를 창세기의 이야기를 통해 7개의 언어로 풀어낸 그 시도가 너무나 신선합니다. 그런데 시도만 신선한 것이 아니라 그 감사의 내용 자체가 순간적으로 고개를 갸우뚱할 만큼 새롭습니다. 그래서 이전에 알지 못했던 은혜가 예상치 못하게 임하는 아주 감사한 책입니다. 목회자의 뜨거운 마음이 신학자의 정갈한 그릇에 잘 담겨서 너무나 쉽게, 그리고 깊이 다가옵니다.

유진소 목사 _ 부산 호산나교회

감사를 새로운 차원으로 다룬 책이다. 우리가 평범하게 생각해 왔던 감사를 특별한 신앙의 덕목으로 만들어 주었다. 감사를 신학적 차원에서 다루면서 감사의 영적 위상을 새로운 차원으로 올려놓은 것이다. 흥미로운 것은 저자가 감사 신학을 제시하고 있다는 점이다. 창세기 1-3장을 토대로 감사의 7가지 주제를 만들어 내었다.

저자는 감사를 창조 신앙의 DNA라고 주장한다. 감사라는 단어가 가진 의미와 함께 실천적 행동을 세밀하고 다양하게 풀어내고 있다. 감사에 관한 신학적 성찰에만 그치는 것이 아니라 감사를 실제적인 삶의 영성으로 올려놓은 것이다. 그리고 책 마지막의 "감사가 부족했던 인생"이라는 저자의 고백은 감사 실천의 핵심적 의미를 요약하고 있는 표현으로 보인다. '감사 부족이 신앙의 실패이자 인생의 실패요, 감사 고백의 실천이 신앙의 성공이자 인생의 성공'이라는 고백인 것이다.

이 책을 읽는 모든 독자가 감사를 새롭게 바라보고 깊이 생각하면서 감사의 능력을 체험하고, 나아가 감사 신앙을 회복함으로 그 삶에 감사로 인한 놀라운 기적이 매일 이어지기를 간절히 소망한다.

이찬수 목사 _ 분당우리교회

차례

매일 반복되는 지루한 믿음 생활을 이어가던 어느 날, 감사가 불쑥 나를 찾아왔다. 종종 나를 찾아와 잘 알고 지내던 터라 여느 때처럼 무덤덤한 표정으로 맞이했다. 감사가 손을 내밀어 악수를 청했다. 그 순간이었다. 내 손을 꼭 잡은 그 감사의 손의 따뜻함이 내 손과 팔을 타고 가슴속까지 전해졌다. 보고 싶어 하며 그리워하다 오랜만에 만난 연인처럼 깊은 감격으로 다가왔다. 그 감격 속에 마음을 담그며 진심을 다해 감사를 품에 안았다. 알 수 없는 뭉클한 감정이 내 심장을 타고 온몸으로 퍼졌다.

가슴에 스며든 감격이 마취 주사를 놓은 듯했다. 온몸을 나른하게 만들더니 엉키고 굳어져 있던 내 마음을 녹였다. 마음이 무장해제되는 순간이었다. 다 잊어버려 기억조차 나지 않는, 하지만 내 마음속 어두운 곳 어딘가에 깊이 자리 잡고 앉아 암세포처럼 웅크리고 있던 불평과 원망, 좌절, 분노 등의 어둔 감정이 일순간에 녹아사라지는 경험을 했다.

하나님이 주신 특별한 은총의 순간이었다. 이 특별한 감사와의 재회 경험이 진한 감동으로 남았고, 그 감정에 깊이 잠겨 있고 싶었다. 늘 익숙한 사랑, 순종, 충성, 인내 등 여러 신앙 덕목과는 전혀 다른 차원의 감동이었다. 감사가 부어준 은총이었다. 감사가 새삼 다르게 느껴진 것이 신기하기만 했다. 명품이 다르듯 혹시 감사도 다른 신앙 덕목과는 차이가 나는 명품 덕목이 아닐까. 그래서 새로운 기대를 가지고 감사 앞에 앉아 깊은 대화를 나누어 보기로 했고, 그 내용을 이 책에 정리하게 되었다.

감사에 대한 대부분의 책은 감사 신앙의 내용을 소개하고 있다. 감사와 관련된 성경 말씀과 예화, 감사의 은총 등에 대한 풍부한 이야기로 채워져 있는 것이다. 이런 내용을 통해 감사 신앙의 모습을 발견하게 된다. 하지만 이는 감사의 실체를 말해줄 뿐 그 내용을 찾기가 어려운데, 감사의 신학적 의미와 성경적 배경을 제시하지 않았기 때문이다.

이 책은 감사의 실체를 성경적으로 밝히면서 감사 신학을 세우고자 하는 바람을 담고 있다. 감사 신앙의 위상을 새롭게 제시하면서 감사 신학을 새롭게 정립하고자 한다. 감사 신학이라는 용어가 처음인 것 같아 그 신학적 의미가 스스로에게도 흥미롭다.

이 책을 통해 왜 우리에게 감사가 영적으로 유익한 명품 덕목인지 손으로 만지고 눈으로 확인할 수 있기를 바란다. 또한 감사 신학이 세워지고 감사의 실체를 새롭게 조명함으로써 이 책을 읽는 모든 성도가 감사의 영적 능력을 경험하고 누리게 되기를 소망한다.

다시 찾은 신앙 명품

2003년 늦가을에 서울의 한 교회를 담임하게 되었다. 그리고 2년 후 그 교회를 사임하고 다시 신학교 교수로 돌아가게 됐다. 그러면서 섬기던 교회의 장로님들 가운데 한 분에게서 식사 초대를 받았는데, 식사 후 중국의 귀한 차라며 선물을 건네받았다. 그 자리에서 선물을 열어 보았더니 한자가 쓰인 한지로 포장된 대접 크기의 둥근 아주 단단한 것이 들어 있었다. 장로님이 보이차라고 이름을 알려주셨다. 생전 처음 듣는 이름이었다.

장로님은 보이차에 대한 설명과 함께 자랑을 늘어놓기 시작했다. 가만 들어 보니 그 보이차는 만병통치약에 가까운 대단한 차라는 내용이었다. 과장이 좀 지나치다는 생각이 들었다. 그러고는 집에 돌아와 서재 책꽂이에 올려놓은 채 몇 달을 잊어버리고 지냈다.

어느 날 갑자기 그 보이차가 눈에 들어왔다. 차의 맛이 궁금해서 포장지를 뜯었다. 우중충한 색깔이 마치 말린 시래기처럼 칙칙했다. 또 얼마나 단단한지 송곳으로 한참을 쑤시고 부수고 나서야 한 잔 마실 정도의 양이 모였다. 끓는 물을 부었더니 잘게 부서진 찻잎이 먼지처럼 떠올랐다. 맛이 어느 정도 우러났겠다 싶어 나름의 향기를 기대하고 음미해 보았다. 그런데 웬걸! 맛도 냄새도 퀴퀴했다. 앞으로 마실 일이 없겠다 싶어 다시 싸두고 몇 년을 그냥 보냈다.

그 후 주위에서 보이차를 좋아해 오랜 기간 마셔 온 목회자를 한두 사람 접하게 되었다. 모두가 보이차 마니아였다. 보이차를 마시기 위해 갖춘 장비도 대단했다. 사기로 된 주전자, 마시는 잔, 물을 붓고 버리는 받침대, 보관하는 통 등 모두 골동품 수준의 세트처

럼 보였다. 한 사람도 예외 없이 보이차 예찬론자였다. 그들의 이야
기를 가만히 들어 보니 실제로 보이차는 꽤나 귀하고 좋은 차였다.
그때부터 보이차를 구해 조금씩 마시기 시작했고, 지금은 애용자가
되어 매일 마시는데, 평생 위가 좋지 않아서 고생했던 나에게 큰 도
움이 되고 있다.

처음 보이차를 보면 맛과 향기뿐 아니라 시각적으로도 별로 귀
한 것이라는 생각이 들지 않는다. 그런데 장기간 마셔 보니 정말 괜
찮다는 생각이 든다.

감사는 바로 이 보이차와 같다. 감사는 사랑, 순종, 헌신 등 영적
덕목과 비교해 별로 특별하게 생각되지 않는다. 그런데 감사는 신
앙의 보물이다. 감사를 깊이 알고 실천하면 놀라운 영적 비밀과 능
력이 담겨 있다는 사실을 체험할 수 있다. 감사를 더 가까이하고 즐
기고 사랑하고 애용하고 싶다.

감사의 7가지 다른 언어

감사는 일곱 가지 무지개색 깃털을 가진 팔색조와 같다. 팔색조의 등과 날개는 녹색이고 어깨와 위 꽁지깃은 남색이다. 날아갈 때는 날개의 흰색 얼룩무늬가 드러난다. 아랫면은 아랫배와 아래꼬리덮깃의 진홍색을 제외하고는 옅은 노란색이다. 정수리는 갈색이고 멱은 흰색이다. 그리고 넓은 검은색 줄이 눈을 지나 윗목까지 뻗어있다. 팔색조의 다양한 색깔처럼 우리의 "감사합니다!" 한 마디 고백은 상황에 따라 의미가 다르다. 달리 말해 우리가 어떤 다양한 상황에 처하더라도 감사를 고백하기만 하면 그 상황에 꼭 맞는 힘을 발휘하는 마법의 주문과도 같다.

감사라는 동일한 고백이 여러 상황에서 그 상황을 이겨내는 다양한 힘으로 나타나는 이유가 있다. 감사가 수직 언어이기 때문이다. 우리의 짧은 한마디 "감사합니다!" 고백은 하나님께로 직접 올라가는 언어다. 이 세상의 조건을 동반하는 언어가 아니다. 무엇 때문에 혹은 어떤 조건이 갖추어져서 고백하는 말이 아니다. 상황을 넘어서는 초월과 연결하는 언어다.

시편 136편을 보면 감사의 이 놀라운 원리가 나타나 있다. 시편 136편은 모두 26절로 되어 있고 감사하라는 명령도 26번 반복된다. 그런데 각 구절의 표현을 보면 우리가 경험하는 모든 사건을 하나님이 하신 일로 묘사하고 있다. 모든 구절이 '~하신 하나님께'로 표현되어 있다. 이 구절을 우리의 통상적 감사 고백과 비교해서 살펴보라. 우리는 하나님께 감사한다고 하면서도 감사 고백은 내용에만 머물고 만다. 바라던 사건 앞에서 그 사건을 주관하신 하나님을 순간적으로 망각하는 것이다. 그것이 우리의 감사 습관이다.

그런데 시편 136편은 감사 고백의 초점이 우리가 경험한 사건이 아니라 그 일을 있게 하신 하나님께 맞추어져 있다. 감사 고백의 원형이 어떻게 되어야 하는지를 말해 준다. 각 절마다 반복되는 말씀이 감사의 궁극적 이유를 말해 준다. "그 인자하심이 영원함이로다." 하나님의 영원하신 인자하심이 바로 감사의 이유다. 각 구절마다 반복되고 있다. 모든 사건마다 하나님의 인자하심이 연결되어 있다는 것이다. 감사의 이유는 이 세상의 조건에 있지 않다. 삶의 환경과 조건이 갖추어졌기 때문이 아니다. 그래서 감사 고백은 어떤 상황 속에서도 다 통하는 천상의 고백이 된다.

우리는 선물을 받거나 도움을 받으면 자연스럽게 감사한다. 부족함 속에서도 충분하다는 고백의 마음으로 감사할 수 있다. 누군가가 나를 오해하며 섭섭한 말을 할 때도 범사에 감사하라는 말씀을 붙잡고 이겨낸다. 감추고 싶은 마음속 수치심과 두려움이 드러날 때도 오히려 감사 고백을 통해 더는 덮어두지 않고 깨끗하게 훌훌 털어버릴 수 있다. 온갖 억울함과 부당함의 사건 속에서 삶이 어렵고 힘들어도 원망이 아닌 감사 고백으로 모든 것을 받아들일 때 모든 어려움을 박차고 일어나 새롭게 시작하겠다는 힘이 솟아오름을 느낀다. 그리고 "주신 분도 하나님 가져가시는 분도 하나님"이라는 욥의 고백을 가슴 절절히 깨달아 느끼며 우리의 감사 고백은 하나님을 향해 초점이 맞추어짐을 깨닫는다. 감사의 다른 언어들이다.

그 감사의 다른 언어를 감사 7계명으로 요약했다. 감사 7계명은 우리가 실천해야 할 감사 고백을 다른 언어로 바꾼 것이다. 감사를 상황에 따라 다른 언어로 바꿀 수 있을 때 감사 고백이 쉬워진다. 그리고 감사가 갖는 놀라운 힘을 경험한다. 그 다채로운 감사 언어가 하나님의 창조 역사에 숨어있었다. 하나님의 창조 역사(役事)에 그리고 뱀의 유혹을 통해 타락한 인간을 징계하시고 가죽옷을 지어 입히신 치유와 구원의 역사에 담겨 있다. 감사가 창조 신앙의 DNA인 이유다.

우리는 선물을 받으면 누구나 감사 표현을 한다. 자연스러운 반응이다. 그런데 어려운 일이 생기면 불평 혹은 걱정과 근심이 앞선다. 이 반응도 역시 당연하다. 그때 옆에서 이렇게 말한다. "불평하지 말고 감사해!" 그러면서 어려운 상황에서도 감사해야 하나님이 복을 주신다고 말한다. 맞는 말이다. 그러다 보니 감사가 복을 받기 위한 주문이 되어 버렸다. 의미도 이유도 모른 채 주문처럼 무조건 감사 고백을 한다.

감사 고백을 하지 않는 것과 별반 다르지 않다. 이런 감사는 우리를 살리는 힘도 없고 능력도 나타나지 않는다. 마치 최신형 스마트폰을 가지고 있으면서 전화기로만 사용하는 것과 같다. 수많은 애플리케이션을 충분히 활용한 풍족하고 유익한 삶을 누리지 못하는 것과 같다. 감사의 다양한 언어를 깨달을 때 우리의 감사 고백은 놀라운 힘을 발휘한다. 우리 삶 속에서 창조의 놀라운 능력을 경험할 수 있다.

감사와 신앙 덕목

감사 신학을 세우면서 가장 먼저 성경에 단어 '감사'가 어디에 얼마나 나오는지 찾아보았다. 성경을 살피면서 감사에 대한 놀라운 사실을 발견할 수 있었다. 감사는 우리가 잘 알고 있으며 중요하다고 생각하는 성령의 열매, 신의 성품이나 산상수훈의 팔복 가운데 포함되어 있지 않았다. 누구나 알고 있는 내용임에도 여기에는 색다른 차원의 의미가 숨겨져 있다는 새로운 기대감을 갖게 되었다. 감사가 우리가 익히 알고 있는 신앙의 여러 덕목에 못지않게 중요하다면 이제까지 우리가 깨닫지 못한 새로운 차원의 신학적 의미를 지닌 것이 틀림없다는 생각이 들었다.

성령의 아홉 가지 열매를 열거해 보자. 사랑, 희락, 화평, 오래 참음, 자비, 양선, 충성, 온유, 절제다. 이들 덕목은 오랜 신앙생활과 영적 훈련 과정을 통해 얻게 되는 덕목이다. 이 아홉 가지 덕목에 감사가 포함되지 않은 이유가 궁금했다.

베드로후서 1장에 나오는 신의 성품을 살펴보자. 신의 성품은 말 그대로 하나님이 지니신 높은 수준에 도달할 만큼 성숙한 신앙의 모습을 의미한다. 믿음, 덕, 지식, 절제, 인내, 경건, 형제 우애, 사랑 등 여덟 가지 덕목은 온전한 성숙함의 모습을 갖춘 그리스도인을 떠올리게 한다. 그러나 여기에도 감사는 없었다. 이제까지 미처 알지 못했던 영적 의미가 숨어 있을 것 같았다.

산상수훈의 팔복도 마찬가지다. 팔복은 영성의 최고 수준을 가리킨다. 심령이 가난한 자, 애통하는 자, 온유한 자, 의에 주리고 목마른 자, 긍휼히 여기는 자, 마음이 청결한 자, 화평하게 하는 자, 의를 위하여 박해를 받는 자. 여기에도 감사는 포함되어 있지 않았다. 새로운 영성의 차원을 제시해 주리라는 기대를 갖게 했다.

감사가 성령의 열매, 신의 성품, 팔복에 포함되어 있지 않다는 사실을 확인했다. 그럼에도 감사가 중요한 영적 의미를 갖고 있다면 이제까지 미처 발견하지 못한 새로운 차원의 의미를 지니고 있음에 틀림없다는 생각이 들었다.

인간 창조와 감사 인격

성경은 감사를 깊은 신앙 덕목 또는 영적 성품의 차원에서 말씀하지 않는다. 감사는 오랜 훈련이나 연단을 통해 만들어지는 성령의 열매나 신의 성품이 아니다. 팔복과 같은 깊은 깨달음의 영성도 아니다.

그렇다면 감사는 어떤 신앙 덕목일까? 감사는 하나님이 태초에 인간을 창조하실 때 마음속에 새겨 넣은 덕목이다. 하나님의 형상을 따라 지음 받은 인간의 마음속에 감사 덕목이 장착된 것이다. 그래서 감사는 피조물인 모든 인간이 태어날 때부터 갖추고 있는 마음의 덕목이다.

감사가 모든 덕목 중 기본이라는 사실은 다른 덕목들과 비교해 보면 알 수 있다. 어떤 사람에게 사랑, 충성, 인내, 자비, 화평 등의 덕목이 부족하다고 말할 때는 성숙함의 차원에서 하는 말이다. 그런데 감사가 없다고 말할 때는 기본 인격의 차원에서 하는 말이다. 감사를 모른다면 짐승이요 배은망덕하다고 말하는 이유가 여기에 있다. 사랑과 인내심이 없다면 아직 미성숙해서 그런 거라고 이해한다. 하지만 감사해야 할 때 감사하는 태도를 보이지 않으면 인간됨의 기본에 대해 의문을 갖게 된다.

감사가 기본이다 보니 수준 높은 영적 훈련 차원에서 이를 다루는 경우를 보기가 어렵다. 사람됨의 기본이기 때문에 훈련 차원에서 접근하지 않는 것이다. 그래서 어른에게 감사를 가르치고 훈련한다는 것이 왠지 우스꽝스럽다고 느껴지는 것이다. 이는 어른이라고 해서 모두 감사하는 사람이라는 뜻은 결코 아니다. 설령 감사 훈련을 한다고 해도 특별히 훈련해야 할 차원 높은 구체적 내용이 보이는 것도 아니다.

감사 실천은 창조 신앙의 회복이다. 감사를 회복할 때 타락 이전, 창조 때의 삶으로 돌아갈 수 있다. 우리는 타락한 인간이기에 완벽할 수 없다. 하지만 성령의 도우심을 통해 에덴동산의 삶에 근접할 수 있다. 감사 복원은 인간의 마음이 창조되었을 때의 상태로 돌아가는 것이기 때문이다. 감사가 기적을 끌어내는 이유가 여기에 있다. 기적이 따로 필요 없고, 그로 말미암아 늘 기적이 일어날 수 있는 곳이 에덴동산이다. 에덴동산에서 모든 것을 완벽하게 마음대로 즐기는 감사의 삶이 기적 그 자체다.

모든 인간이 가진 마음

감사가 인격의 기본이요 일상생활의 기본이라는 사실은 우리의 언어 사용에도 나타난다. 감사는 신앙 여부와 관계없이 모든 사람이 공통적으로 느끼고 표현한다. 나이와도 상관없으며 누구나 사용하는 표현이다.

예수를 믿든 믿지 않든 간에 모든 사람이 일상에서 가장 빈번하게 사용하는 표현 가운데 하나가 "감사합니다"라는 말이다. 이 말은 "사랑합니다"보다 더 많이 사용된다. 사랑은 개인적이고 특별한 관계에서 주로 사용되는 반면, 감사의 말은 개인적인 관계를 넘어 일반적인 경우에도 많이 사용된다.

선물을 받을 때, 생일 축하를 받을 때, 물 한잔을 대접받았을 때, 좋은 일이 생겼을 때, 넘어져 있는데 누군가가 손을 잡아 일으켜줄 때, 간단한 물건을 빌렸을 때, 물건을 팔아줄 때, 수고하는 모습을 볼 때, 길을 물어본 뒤 대답을 들었을 때, 심지어 내 돈을 내고 먹은 음식이 맛있었을 때도 감사 표현을 한다.

이처럼 우리는 일상적인 삶을 살아가며 수많은 경우 감사의 마음을 느끼고 감사 표현을 한다. 이처럼 일상에서 감사를 느끼고 표현한다는 것은 감사가 삶의 기본임을 말해 준다. 작은 경험이지만 그 작은 기본에는 깊은 의미가 숨어 있다. 감사는 특별한 기적을 만들어내거나 천지를 바꾸는 특별한 능력이 아니다. 우리 마음에 순간이나마 하나님의 형상을 따라 지어진 마음의 원리, 삶의 원리, 사람 사는 원리가 이루어지는 경험을 자연스럽게 고백하는 것이다.

사람을 만날 때마다 교환하는 기본적인 두 가지 말이 있다. 하나

는 "안녕하세요"라는 인사이고, 다른 하나는 "감사합니다"라는 감사 표현이다. 그리고 우리가 해외여행을 가기 전에 배우는 기본 언어 도 인사와 감사다. 영어는 "How are you?" "Thank you"이고, 일본어는 "こんにちは"(곤니치와), "ありがとうございます"(아리가토 고자이마스) 이다. 중국어는 "你好"(니하오), "谢谢"(셰셰)이고, 라틴어는 "Salves"(살 베스), "Tibi Gratias ago"(티비 그라티아스 아고)이다. 처음으로 낯선 사람들 과 만나 잠깐 이야기를 나누고 헤어질 때도 "감사합니다. 안녕히 가 세요"라는 인사가 빠지지 않는다. 인종과 언어, 문화, 종교가 달라도 인사와 감사 표현은 동일하게 교환한다.

감사는 만국 공통의 언어이자 만국 공통의 마음이다. 세상 모든 사람에게 공통되는 마음이라는 사실이 중요하다. 왜냐하면 나라마 다 문화의 차이로 말미암아 전혀 이해하기 어려운 경험을 하는 경 우도 있기 때문이다. 우리의 도덕과 윤리로는 동의할 수 없고 이해 할 수 없는 일도 있다. 예를 들어 어느 문화권에서는 일부다처제가 정당하고 자연스럽다. 에스키모족과 피그미족은 귀한 손님이 방문 하면 자신의 아내를 하룻밤 빌려준다고 한다. 우리로서는 상상할 수 없는 일이지만 그들에게는 그것이 당연한 일이다. 문화의 차이라고 이해한다고 하지만 마음까지 동의하는 것은 아니다.

그러나 감사는 전 세계에서 보편적으로 동일하다. 문화와 종교 가 달라도 모든 민족과 사람이 느끼는 마음인 것이다. 감사가 만국 공통의 마음이라는 사실은 감사의 신앙적 위상을 찾기 위해 신학적 연구를 시작하는 출발점이 된다.

감사의 회복, 창조 은혜

최근 위기를 맞고 있는 한국 교회와 성도들의 최우선 과제는 하나님 은혜에 대한 감사 회복이다. 감사 회복은 다양한 영적 의미를 담고 있다. 우리는 구원의 은혜를 생각할 때마다 감사 고백을 한다. 우리의 영혼 깊은 곳으로부터 나오는 구원의 은총에 대한 감격이 있다. 그 감격을 나타내는 최고 표현이 감사다. 감사 고백은 수백 수천 번 반복해도 지나치지 않다. 이 감사 고백이 우리 영혼을 숨 쉬게 하고 살리고 회복시킨다.

우리의 감사는 대부분 구원 사건에 대한 고백에 집중되어 있는데, 더 중요한 감사가 있다. 더 먼저 알아야 할 감사다. 타락 이전 하나님이 온 세상을 만들어 선물로 주신 것에 대한 응답으로써의 감사다. 그 감사 회복이 필요하다. 이 감사 회복은 창조 신앙의 회복이다. 창조에 대한 감사로 시작해 영적 생명의 거듭남에 대한 감사로, 그 생명의 성장과 생명의 풍성함을 누리는 것에 대한 감사로, 이 험한 세상의 영적 싸움에서 넉넉히 승리하도록 돕는 힘으로써의 감사까지 이어져야 한다.

지금 우리 신앙은 메말라 있다. 세상을 이기는 힘으로 나타나지 못하고 있다. 그 이유는 감사의 실체인 창조 신앙을 제대로 알지 못했기 때문이다. 감사 고백이 자라지 않고 제자리에 머물러 있는 이유도 여기에 있다. 감사 고백이 주님을 만나 죄 사함을 받은 구속 사건에 머물러 있으면서 실제적인 삶에 속속들이 스며들지 못하는 것이다. 신앙은 주님과 함께 사는 삶이다. 주일 예배로 대체되는 것이 아니다. 성도로서 매일의 삶을 살아가면서 겪는 수많은 일 가운데 우리는 주님과 함께하며 감사 고백을 이어가야 한다.

감사를 우리의 신앙생활 전체에 제대로 적용하지 못하는 이유는 감사에 숨겨진 영적 메시지를 신학화하지 못했기 때문이다. 감사 속에 함축된 구체적 메시지를 정확하게 풀어낸 감사 신학이 없었기 때문이다. 이제 본격적으로 감사 신학을 정립해 보자.

Part 1

감사,

창조 신앙의 DNA

사랑보다

감사가 먼저입니다

사랑보다 감사 먼저

"사랑보다 감사 먼저!" 이는 감사 신학의 출발 선언이라고 할 수 있다. 왜냐하면 감사는 사랑의 이유가 되기 때문이다. 사랑의 의무를 행하기에 앞서 감사 고백이 먼저 있어야 한다는 말이다. 하나님은 우리를 사랑하셔서 구원의 은혜를 베푸셨고, 우리는 그 은혜를 통해 거듭난 영적 존재가 되었다.

이 확신이 있다면 감사 고백은 저절로 따라 나올 것이다. 이는 하나님의 사랑과 은혜에 대한 감사 고백이 우리 존재의 시작임을 말해 준다. 한 마디로 하나님이 인간보다 먼저 계셨다. 하나님이 우리를 먼저 사랑하셨다. 그 사랑에 대한 우리 응답이 바로 감사다. 사랑 실천은 그다음이다. 감사의 열매로 나타나는 것뿐이다.

성경 66권의 전체 주제를 사랑이라고 말한다. "하나님 사랑, 이웃 사랑"이 성경에서 말하는 신앙의 결론이다. 그래서 우리는 그리스도인으로서 살아가야 할 신앙의 최고봉을 사랑이라고 여기며, 사랑을 신앙의 목표로 알고 동시에 사랑을 실천하는 일에 최선을 다한다. 그러다 보니 감사가 사랑보다 먼저라는 선언에 선뜻 동의하기가 어렵다.

그런데 성경의 주제가 사랑이라는 이해에는 착각 하나가 숨겨져 있다. 성경에서 말하는 사랑(아가페)은 우리의 신앙 의무이기 이전에 하나님의 본체다.

하나님은 사랑이심이라 **요일 4:8**

하나님의 사랑이 인간의 사랑보다 먼저다. 하나님이 우리를 먼저 사랑하셨다. 따라서 성경의 주제를 사랑이라고 말하는 것은 "하나님은 사랑"이시라는 성경 말씀을 의미한다. 우리가 행해야 할 의무로서의 사랑은 그다음이다. 하나님의 사랑에 대한 응답의 실천으로 우리가 사랑을 행하는 것이다. 그런데 그 사랑을 실천하기에 앞서 하나님의 사랑에 대한 반응, 즉 감사 고백이 먼저 있어야 한다.

'하나님이 사랑'이라는 깨달음은 우리 신앙이 하나님께로부터 출발한다는 사실을 말해 준다. 올바른 영적 삶의 비밀도 여기에 있다. 우리는 신앙의 책임에 앞서 '하나님은 사랑'이시라는 사실에 대한 깊은 감격이 있어야 한다. 그러면 사랑의 하나님을 생각할 때마다 감사가 먼저 터져 나온다. 그 감사가 분명할 때 우리 신앙 실천의 최고봉인 사랑이 비로소 하늘의 생명력을 갖는다. 하나님 사랑과 이웃 사랑을 제대로 실천하고자 한다면 그 출발점은 감사가 되어야 한다.

창조에 대한 감사

사랑보다 감사라는 말은 이렇게 실천할 수 있다. 성령의 아홉 가지 열매를 감사의 보따리에 넣는 것이다. 감사 안에 아홉 가지 열매가 다 들어 있는 것이다. 이는 사랑, 희락, 화평, 오래 참음, 자비, 양선, 충성, 온유, 절제의 아홉 가지 열매가 제대로 맺히려면 감사 고백이 먼저 있어야 함을 의미한다.

사랑은 최고의 신앙 덕목이지만 감사는 인생을 사는 최고의 지혜다. 영적 성장이 이루어지는 동안 사랑은 우리를 지치게 할 수 있지만 감사는 우리에게 에너지를 공급한다. 감사가 우리 영성의 발전소다. 우리를 충전시켜 늘 넘치는 열정으로 풍성한 삶을 살도록 돕는다. 그래서 사랑보다 감사가 우선이어야 하고, 그렇게 되었을 때 사랑의 의무를 실천할 수 있는 에너지가 쌓인다.

태초에 하나님이 우주 만물을 창조하시고 우리에게 선물로 주셨다는 사실을 깨닫고 응답하는 마음이 감사다. 감사는 지음 받은 존재가 숨을 쉬기 시작하며 내뱉는 일성이다. 그 감사의 외침은 감탄으로 끝나지 않는다. 하나님이 선물로 주신 우주 만물을 즐기고 누리며 살아가는 삶으로 표현된다. 진정한 감사는 단순히 말로 하는 마음의 표현으로 그치지 않는다. 사는 것으로 온전하게 표현된다. 에덴동산을 창조하실 때 하나님의 섭리에 들어 있는 감사의 의미가 그렇다.

"생육하고 번성하여 땅에 충만하라"는 하나님 말씀에 따라 삶을 살아내는 것이 최고의 감사 표현이다. 즉 감사는 주신 것을 누리고 즐기며 사는 것이다. 감사는 하나님이 태초에 우주 만물을 창조하시면서 우리를 위해 세우신 신앙의 제 1원리다.

우리 믿음에 문제가 있다면 그 근본 원인은 감사 없음이다. 감사 없는 사랑 실천은 생명력이 없다. 생명이 없어 향기를 풍기지 못하는 조화일 뿐이다. 사람을 살리고 세상을 사람이 살 만한 곳으로 아름답게 가꾸는 생명의 역사가 나타나지 않는다. 감사가 제대로 이루어지지 않는 근본적 이유는 앞서 말한

대로 성경에서 말하는 사랑에 대한 이해의 초점이 잘못 맞추어졌기 때문이다. 즉 우리의 실천 의무가 아니라 하나님이 사랑이라는 사실이 우선이라는 점을 간과했기 때문이다.

하나님은 엿새 동안 하나님 보시기에 좋은 이 세상을 창조하셨다. 그 후 인간을 만드시고 나서 이 세상에서 생육하고 번성하여 땅에 충만하고 이 세상을 다스리라고 말씀하셨다. 인간에게 엄청난 선물을 거저 주신 것이다. 최고의 작품을 만드셔서 그 안에서 모든 것을 누리며 사는 복을 아무런 대가 없이 주신 것이다. 우리의 공로나 행적의 대가로 받은 것이 아니다. 전적인 하나님의 베푸심으로, 이를 은혜(grace)라고 말한다. 이 은혜를 전적으로 누리는 것이 감사의 삶이다.

두 가지 은혜와 감사

하나님께 받은 은혜에 대한 응답이 감사다. 그래서 감사는 구원받은 신앙인의 출발점이다. 지음 받은 피조물인 인간이 삶을 시작하는 출발점도 감사다. 하나님이 먼저 계셨고, 하나님이 우리에게 은혜를 베푸셨다. 그 은혜에 대한 인간의 원초적 응답이 곧 감사다. 그 감사의 마음이 하나님 사랑과 이웃 사랑 실천의 토대다. 이것이 살아 있는 신앙인의 모습이다.

우리는 하나님으로부터 두 가지 은혜를 받았다. 하나는 예수 보혈의 공로로 얻은 구원의 은혜다. 다른 하나는 태초에 하나님이 창조하신 우주 만물을 대가 없이 받은 은혜다. 그 안에는 우리 생명도 포함되어 있다. 이 두 가지는 모두 하나님으로부터 공짜로 받은 선물이다. 우리는 선물을 받을 때 감사 표현을 한다. 처음 복음을 듣고 죄 사함을 깨닫고 구원의 선물을 받았을 때 우리 모두는 감격하며 감사 고백을 드렸다. 구원 사건이 신앙의 시작이기에 우리는 감격 가운데 첫 번째 은혜를 먼저 기억해야 한다.

두 번째 은혜는 창조 때 우주 만물을 거저 받은 은혜다. 시간의 흐름으로 따진다면 창조 때의 은혜가 먼저다. 하지만 신학적으로는 구원의 사건을 통해 창조의 하나님을 알게 된다. 그 구원의 하나님이 우주 만물의 창조주가 되심을 깨닫는 것이다. 이런 점에서는 구원의 은혜가 먼저다. 어쨌든 우리는 창조 때 우주 만물을 받아 누리며 사는 은혜에 대한 감사 고백을 회복해야 한다.

그런데 하나님의 창조에 대한 아담과 하와가 행해야 할 감사 표현을 찾을 수 없다. 그들에게도 에덴동산에서 태어나 살게 된 감동과 감격이 있었을 것이다. 감사를 넘어 하나님의 창조 능력에 대한 놀라움이 가져다준 감동, 만물이 인간에게 복으로 주어졌다는 사실에 대한 감격이 있었을 것이다. 우주 만물을 선물로 받으면서 하나님의 청지기로서 인간이 추구해야 하는 비전이 주어졌다. 생육하고 번성하여 땅에 충만하는 것이었다. 이 세상을 다스리라는 내용이었다. 그 말을 듣는 순간 가슴이 벅차오르는 감동과 감격을 느꼈을 것이다. 그 감동과 감격 모두가 감사의 반응이다. 그리고 생육하고 번성하는 감사의 삶이 이어진다.

감사 표현과 사랑 실천

하나님의 명령인 사랑 실천은 하나님의 수준까지 가는 것을 요구한다. 그래서 결코 쉽지 않은 일이고, 사랑하기 위해 영적 성숙과 성장이 요구되는 이유이기도 하다. 시간도 많이 걸린다.

사랑은 하나님 사랑과 이웃 사랑의 표현에 담겨 있듯 자신이 아닌 다른 사람들을 위한 실천 의무다. 그래서 더 힘들고, 더욱 성숙해야 할 수 있는 일이다. 사랑 실천의 대가가 우리에게 축복으로 돌아오기까지는 시간이 걸린다. 사랑하는 것이 진짜 행복하고 유익하다고 말하지만, 그것이 우리 자신의 살아 있는 영적 고백이 되기까지는 긴 시간과 깊은 영적 성숙이 필요하다는 뜻이다.

이런 점에서 감사는 사랑과 다르다. 주기도 전에 먼저 받는 고백이기 때문이다. 선물을 받거나 도움을 받았을 때, 식사 대접을 받았을 때 우리가 그 자리에서 감사 표현을 하는 것과 같다. 무엇인가를 거저 받았다는 사실이 우리 마음을 자연스럽게 움직이기 때문이다. 그 감사 반응은 선물을 준 사람의 마음을 흡족하게 만들어준다. 그래서 감사는 상승 작용을 일으킨다. 감사는 상대에 대해 마음의 문을 열게 하고 나눌 수 있게 해준다. 관계와 만남을 풍성하게 만들어 준다. 감사 고백이 함께 살아가는 삶에 풍성한 열매를 맺게 하는 것이다.

감사는 존재론에 가깝고 사랑은 의무론에 가깝다. 존재론이 의무론을 앞선다. 감사는 받는 것이고 사랑은 주는 것이다. 우리가 태어나 숨을 쉰다는 사실이 먼저이고, 그다음에 무엇인가를 할 수 있다. 태어난 사실에 대한 반응은 감사이고, 그 감사 표현은 사랑 실천이다. 즉 생명은 주어지는 것이기에 감사의 대상이다. 그 사실을 깨닫는 것이 은혜이고, 그 은혜에 대한 응답이 바로 감사다. 그 감사를 삶 가운데서 행동으로 옮기는 것이 사랑이다.

진정한 감사 고백이 사랑 실천을 이끌어낸다. 아홉 가지 성령의 열매를 맺으려면 감사의 마음을 먼저 확보해야 한다. 진정한 사랑 실천을 하고 싶다면 매 순간 감사로 시작하면 된다. 감사의 마음이 준비되면 사랑은 자연히 솟아나 흐른다. 우리 생애에 주어진 모든 것이 하나님의 은혜라는 고백과 감사가 있다면 이 세상에 사랑하지 못할 것이 없다. 그러므로 사랑보다 감사가 먼저다.

창조 세계로

초청을 받은 사람

창조 신앙의 DNA

창조된 인간 마음의 본질이 감사라면 감사의 실체를 구원 신앙보다는 창조 신앙의 관점에서 살펴봐야 한다. 하나님은 태초에 그분의 형상을 따라 인간을 만드셨다. 그때 하나님은 인간의 마음속에 감사 DNA를 심으셨다. 하나님의 형상을 닮은 인간의 완전한 유전 정보 총합인 인간 게놈에 감사 유전자가 포함된 것이다. 그러고 보면 우리가 삶 속에서 겪는 크고 작은 일에 감사를 표현하는 것은 창조의 본성을 따르는 자연스러운 일이다.

에덴동산의 이야기는 감사 신앙으로 엮어져 있다. 그런데 흥미롭게도 창세기에는 감사라는 단어가 단 한 번도 등장하지 않는다. 당시 에덴동산에서 감사가 어떻게 표현되었는지 궁금해진다. 창세기 말씀을 살펴보자.

> 하나님이 이르시되 우리의 형상을 따라 우리의 모양대로 우리가 사람을 만들고 그들로 바다의 물고기와 하늘의 새와 가축과 온 땅과 땅에 기는 모든 것을 다스리게 하자 하시고 하나님이 자기 형상 곧 하나님의 형상대로 사람을 창조하시되 남자와 여자를 창조하시고 하나님이 그들에게 복을 주시며 하나님이 그들에게 이르시되 생육하고 번성하여 땅에 충만하라, 땅을 정복하라, 바다의 물고기와 하늘의 새와 땅에 움직이는 모든 생물을 다스리라 하시니라 하나님이 이르시되 내가 온 지면의 씨 맺는 모든 채소와 씨 가진 열매 맺는 모든 나무를 너희에게 주노니 너희의 먹을거리가 되리라 **창 1:26-29**

신학적으로 이 말씀을 하나님의 문화 명령이라고 칭한다. 하나님이 만드신 창조 세계에서 인간이 어떻게 살아가야 하는지 말하고 있기 때문이다. 문화는 삶을 살아가는 것을 가리킨다. 에덴동산의 삶은 이 땅에서 살아가야 하는 성경적 문화의 모델이며, 성경적 문화의 핵심 가운데 하나가 바로 감사의 삶이다.

"생육하고 번성하여 땅에 충만하라"는 하나님이 인간을 창조 세계로 초청하시는 말씀이다. 이 초청에 응하려면 먼저 하나님이 창조하신 나라로 들어가야 한다. 하나님 나라로 초청을 받고 들어가는 마음 자세가 바로 감사다. 창조 세계로 초청을 받은 사람으로서 자연스러운 응답인 것이다. 다윗은 이 영적 비밀을 깨달아 이렇게 고백했다.

> 감사함으로 그의 문에 들어가며 찬송함으로 그의 궁정에 들어가서 그에게 감사하며 그의 이름을 송축할지어다 **시 100:4**

"감사함으로 그의 문에 들어가며"라는 구절은 하나님의 창조 세계로 초청을 받아 그분이 다스리시는 하나님 나라에 들어가는 마음을 감사로 표현하고 있다. 이는 지음을 받은 존재인 피조물로서 당연한 자세다. 바로 앞 절을 살펴보면 그 점이 더 분명해진다.

> 여호와가 우리 하나님이신 줄 너희는 알지어다 그는 우리를 지으신 이요 우리는 그의 것이니 그의 백성이요 그의 기르시는 양이로다 **시 100:3**

우리는 자신이 누구인지를 먼저 고백해야 한다. 자신을 하나님의 피조물, 하나님의 자녀, 하나님 나라의 백성, 하나님이 기르시는 양이라고 말이다. 자기정체성을 하나님과의 관계에서 고백하는 것이다. 이런 자기 이해를 가진 사람이 하나님 나라에 들어가서 삶을 살아가는 기본자세가 바로 감사다. 감사는 인간이 타락하기 전 하나님 나라에서 살아가는 사람들을 위해 만드신 영적 원리다.

국가는 헌법에서 인간의 기본권을 보장하며 국민으로서의 기본 의무를 고지한다. 하나님 나라도 마찬가지다. 동산에 있는 모든 나무의 실과를 임의대로 먹으라고 말씀하셨다. 또한 생육하고 번성하여 땅에 충만하고 다스릴 수 있는 기회와 권리를 부여하셨다.

이 권리와 기회를 삶으로 누리며 살아가는 시작의 자세가 감사다. 모든 것이 거저 주어진 것이기 때문이다. 하나님의 초청으로 우리에게는 엄청난 축복과 은총의 삶을 살아갈 수 있는 신분과 자격이 주어진 것이다.

감사 신학에서는 신앙생활 시작의 제1조가 감사임을 선언한다. 하나님 나라의 삶을 풍성하게 누리며 살려면 감사로 시작해야 한다. 이 세상에서 살면서 하나님 나라의 삶을 살아가고자 할 때 먼저 부담을 느낄 수 있다. 하나님 법칙대로 살아야 한다는 의무감 때문에 구속, 금지, 제약 등의 느낌이 먼저 다가오는 것이다. 완벽하게 행해야 한다는 율법적 신앙의 부담감이 따라오기도 한다. 이 피할 수 없는 부담감을 넘어서는 비결이 바로 감사 고백이다.

성경은 모든 것이 주어졌으며, 하나님이 만드신 창조 세계의 복을 누리라고 말씀하신다. 그러므로 우리는 감사의 마음을 가지고 그 복을 받아들이기만 하면 된다. 하나님 나라에 우리를 초청하신 것에 대해 감사하며 살아가는 것이다.

창조와 감사

창조와 감사, 이 두 단어는 주시는 하나님과 받아 누리는 우리 인간 사이의 관계를 정확하게 묘사해 준다. 하나님이 우주 만물을 창조해 인간에게 주셨고, 인간은 그것을 받아 누렸다. 이때 받는 자의 기본자세는 감사다.

하나님의 창조부터 가인과 아벨 이야기까지 내용은 하나님의 우주 창조, 인간 타락 과정과 결과를 보여준다. 하나님은 이 세상을 창조하시고 선악과를 먹지 말라는 금지 명령을 내리셨다. 그런데 아담과 하와는 뱀으로부터 선악과 유혹을 받았고, 결국 하나님 말씀을 거역한 채 선악과를 따 먹었다. 그

후 인간은 자신의 벗은 몸을 발견하고 부끄러워하며 무화과나무를 엮어 자신의 몸을 가렸다.

하나님의 명령을 거역한 아담과 하와는 하나님의 징계를 받았다. 그들은 에덴동산에서 쫓겨났고 평생 땀 흘리는 수고와 해산하는 고통, 가시와 엉겅퀴를 내는 인생을 살게 되었다. 이는 인간이 살아가는 지금의 모습이기도 하다. 하지만 하나님은 아담과 하와에게 가죽옷을 지어 입히셨다. 하나님이 제사를 드릴 수 있는 길을 가르치신 것이다. 그런데 가인은 자신의 제물을 받지 않은 하나님께 분노했고, 동생 아벨을 살인하는 죄를 저질렀다.

앞서 말한 내용은 감사로 창조된 인간, 감사로 살아가며 복을 누리는 인간, 하지만 그 감사의 마음을 상실한 인간의 모습을 말해 준다. 하나님이 무에서 유를 만든 창조 사역을 하시고, 그 만드신 것 모두를 인간에게 거저 주며 복을 내리셨다. 하나님은 우주 만물을 인간에게 대가 없이 주셨고, 인간은 그것을 아무런 대가 없이 받았다. 달리 말해 하나님으로부터 은혜를 받은 것이다. 따라서 창조를 통해 받은 하나님의 은혜에 대한 피조물인 인간의 반응은 감사다.

창조주와 피조물인 인간 청지기와의 관계는 은혜와 감사로 연결되어 있다. 하나님은 은혜를 베푸시고, 인간은 감사로 반응하는 네트워크가 형성된 것이다. 따라서 감사의 모습으로 살아가는 것이 인간이 에덴동산에서 영원토록 살아가야 하는 모습이다. 에덴동산에 있는 모든 것을 임의로 먹으며, 하나님의 창조 세계를 누리고 즐기며 살아가게 되었다. 그 누림의 삶이 바로 감사로 살아가는 모습이다.

그런데 이 감사의 삶은 동산 중앙의 선악과를 먹지 말라는 법 안에서 계획되었다. 안타깝게도 하나님의 창조 계획은 하나님의 금지 명령에 대한 인간의 불순종으로 파괴되고 말았다. 인간이 선악과를 따 먹는 불순종의 존재가 되면서 감사의 상실이 일어난 것이다.

징계 결과와 감사

하나님은 불순종한 인간을 징계하실 수밖에 없었다. 하지만 동시에 인간 구원의 길도 약속하셨다. 그 이후로부터 지금까지 인간은 하나님의 섭리 가운데 하나님의 징계 속에서 구원의 은혜를 소망하며 살아간다. 그런 점에서 타락한 인간의 실체는 바로 감사를 상실한 모습이다. 그리고 구원의 은혜를 소망하는 자로서의 실체는 감사를 회복하는 인생이다.

우리는 구원을 소망하며 살아가지만 동시에 하나님의 징

계 속에서 살아가고 있다는 점을 명심해야 한다. 창세기 3장에 나오는 하나님의 징계 내용을 살펴보자.

> 여호와 하나님이 뱀에게 이르시되 네가 이렇게 하였으니 네가 모든 가축과 들의 모든 짐승보다 더욱 저주를 받아 배로 다니고 살아 있는 동안 흙을 먹을지니라 내가 너로 여자와 원수가 되게 하고 네 후손도 여자의 후손과 원수가 되게 하리니 여자의 후손은 네 머리를 상하게 할 것이요 너는 그의 발꿈치를 상하게 할 것이니라 하시고 또 여자에게 이르시되 내가 네게 임신하는 고통을 크게 더하리니 네가 수고하고 자식을 낳을 것이며 너는 남편을 원하고 남편은 너를 다스릴 것이니라 하시고 아담에게 이르시되 네가 네 아내의 말을 듣고 내가 네게 먹지 말라 한 나무의 열매를 먹었은즉 땅은 너로 말미암아 저주를 받고 너는 네 평생에 수고하여야 그 소산을 먹으리라 땅이 네게 가시덤불과 엉겅퀴를 낼 것이라 네가 먹을 것은 밭의 채소인즉 네가 흙으로 돌아갈 때까지 얼굴에 땀을 흘려야 먹을 것을 먹으리니 네가 그것에서 취함을 입었음이라 너는 흙이니 흙으로 돌아갈 것이니라 하시니라 **창 3:14-19**

하나님은 하와를 유혹했던 뱀을 먼저 징계하면서 동시에

구원의 약속도 주셨다. 이 약속은 이 세상에 대한 징계로 말미암아 척박한 환경 가운데서 살아갈 수밖에 없는 인간이 구원의 소망 속에서 감사로 살아갈 수 있는 은혜에 대한 약속이다. 하나님은 인간이 타락한 이후에도 감사로 살아가는 삶의 기본 원리가 구축되었음을 말씀해 주신다.

타락과 감사의
역설적 의미

　창세기 1-2장에서 하나님의 창조가 완성되었다. 동산에 있는 모든 것을 임의대로 먹으라는 명령과 선악과는 먹지 말라는 두 가지 명령 속에 감사 원리가 하나씩 들어 있다. 그런데 창세기 3장부터는 창조 세계가 파괴되는 이야기가 시작된다. 그런 면에서 창세기 3장에 숨겨진 감사 원리는 1-2장에 나오는 창조 원리와는 다르다. 창조 세계가 파괴되는 과정에서 일어나는 사건을 통해 타락한 인간이 하나님의 징계로 이루어진 험난한 세상을 살아갈 수 있는 감사의 원리를 역설적으로 배우는 것이다.

　일곱 가지 감사 계명을 살펴보기에 앞서 창세기 3장의 타락 사건이 주는 신학적 의미를 간략하게 살펴보고자 한다.

창세기 3장, 찬란한 비극

신구약 성경 가운데서 인류사의 가장 비극적인 이야기가 창세기 3장에 등장한다. 창세기 1-2장은 하나님이 창조하신 세상의 아름다움과 인간을 향한 하나님의 절대적 은총을 말씀하고 있다. 이는 "하나님이 보시기에 좋았더라"는 말씀에 축약되어 있다.

그런데 이어지는 창세기 3장은 하나님의 위대한 창조 세계를 파괴하는 인류의 타락 사건에 대해 말씀한다. 아담과 하와의 불순종에 대한 하나님의 징계 내용은 전율을 느끼게 할 만큼 오늘날 비극적인 인간 사회의 실상을 정확히 예견하고 있다. 이런 점에서 타락의 과정은 이 험난한 세상을 극복하고 살아갈 수 있는 감사 원리를 역설적으로 담고 있다.

창세기 3장은 타락으로 파괴된 이 세상이 회복될 수 있다는 소망의 메시지도 담고 있는데, 여자의 후손에 대한 내용이다. 인류 타락의 비극 사건을 묘사하면서 동시에 그 비참함을 극복할 수 있는 길도 제시하고 있다. 이런 점에서 개인적으로 창세기 3장 이야기를 '찬란한 비극'이라고 부르고 싶다.

이 책의 서두에서 하나님이 창조하신 물질세계와 인간의 마음에 감사 DNA가 심어져 있다고 했다. 인간을 포함한 우주 전체가 감사 네트워크로 연결되어 있다는 말도 덧붙였다. 이는 창조 원리를 말해 주는 감사 신학의 명제다. 마음으로부터 나오는 입술의 감사 고백이 물질세계에서 일으키는 실제 변화는 창조 신학의 명제를 뒷받침하는 증거다.

이런 측면에서 보면 창세기 3장의 타락 사건은 이 세상의 모든 피조물 자체와 피조물을 상호 연결하는 감사 네트워크에 치명적 영향을 끼친 사건이다. 파괴된 세상의 구체적 실상은 창세기 3장 14-19절에 나오는 하나님의 징계 내용에 잘 나와 있다. 역으로 감사는 타락한 세계를 회복하는 결정적 신앙 덕목이다. 이 세계와 세상 사람들의 삶이 감사로 연결되어 계속 이어진다면 창조 세계로 다시 돌아갈 수 있다.

뱀의 유혹은 인간의 타락으로 이어졌다. 그 과정에는 몇 가지 중요한 순간이 있었다. 뱀의 유혹, 하와의 의심, 하나님 말씀에 대한 불순종과 선악과를 따 먹음, 선악과를 먹은 뒤의 두려움과 부끄러움, 불순종에 대한 하나님 징계와 그 결과 등이다. 유혹을 통해 선악과를 따 먹고 하나님의 징계가 내려지기까지 각 순간은 인간이 범하는 죄의 모습과 그 결과를 보여준다.

타락은 감사 신앙의 상실과 감사 네트워크의 파괴를 가져왔다. 그래서 타락이 이루어지는 각 순간을 역으로 추적해 보면 그리스도인이 죄의 유혹을 물리치고 꿋꿋하게 승리하며 살아갈 수 있는 감사 신앙의 요소들을 찾아낼 수 있다. 감사 신앙

의 회복을 통해 창조 세계의 회복과 감사 네트워크의 회복이
가능하다.

지금부터 뱀의 유혹, 하와의 의심, 선악과를 따 먹은 순간,
따 먹고 난 뒤의 결과와 하나님의 징계를 살펴보면서 우리가
범할 수 있는 죄악의 순간을 물리칠 수 있는 감사 메시지를 찾
아보도록 하자.

완전한 에덴동산, 하나님을 의지하며 살도록 지음 받은 존재

타락의 실체를 명확하게 규명하려면 뱀의 유혹을 받기 전
과 유혹을 받고 난 후를 구별하는 것이 중요하다. 타락이 인간
의 마음속으로부터 어떻게 시작되는지를 보여주기 때문이다.
그리고 선악과를 먹기 전과 후를 구별하는 것도 중요하다. 타
락 이전의 인간과 타락한 인간의 차이를 설명해 주기 때문이
다. 이 구별은 각 과정에서 감사가 어떻게 구체적으로 필요한
지를 밝혀줌으로써 감사 신학을 세우는 데 도움이 된다.

타락을 다루기 전 타락에 대한 신학적 질문을 한 가지 제기
하고자 한다. 하나님이 만드신 이 세상은 완벽한 곳이다. 그 완
벽한 세상에는 인간도 포함되어 있다. 그렇다면 인간이 타락
할 가능성은 전혀 없어야 한다. 인간이든 뱀이든 타락의 원인

이 된다면 그것은 타락의 가능성을 지닌 존재를 만드신 하나님의 책임이 되기 때문이다. 그래서 타락의 원인이 하나님께 있다고 결론을 짓는다면 그분은 전능하신 하나님이 될 수 없다. 그러면 우리가 믿는 하나님이 아니다. 우리가 믿는 하나님은 전지전능하고 완전하신 하나님이다. 여기서 이 신학적 딜레마를 해결하고 넘어가야 한다.

하나님은 인간을 천사보다 조금 못하게 만드셨다. 에덴동산에서 벌거벗고 지내도 부끄럽지 않게 하셨으며, 동산의 모든 실과를 먹게 하셨고, 이 땅에 생육하고 번성하여 땅에 충만하라고 복을 내려주셨다. 6일 동안 세상을 창조하시면서 날마다 "보시기에 좋았더라"고 말씀하셨다. 마지막 6일째에 인간을 만드시고 나서는 "보기에 좋았더라"는 하나님의 말씀이 없었다. 천사보다 조금 못한 존재였기 때문일까? 하나님이 좋지 않게 보셨다면 그분 스스로 만족하지 않으셨다는 것인데, 그렇다면 하나님은 완벽한 하나님이 될 수 없다.

하나님은 인간을 창조하신 뒤 우주 만물과 인간을 함께 바라보면서 "보시기에 심히 좋았더라"고 말씀하셨다. 인간과 우주 만물 사이에 이루어질 관계성과 그 결과를 생각하며 하신 말씀이다. 인간이 하나님의 명령에 따라 이 세상을 다스리고 지배하는 것이 하나님이 보시기에 너무나 좋으셨던 것이다.

그런데 이 아름답고 원대한 계획 가운데 한 가지 간단한 조건을 걸어놓으셨다. 동산 가운데 있는 선악을 알게 하는 나무를 만드시고는 그것을 먹지 못하게 하신 것이다. 먹지 못하게 할 작정이었다면 왜 만드신 것일까? 인간을 골탕 먹이려는 심술쟁이 하나님이 아니시라면 인간을 향한 하나님의 선한 의도가 있었을 것이다.

하나님의 의도는 반드시 지켜져야 할 하나님과 인간 사이의 기본적인 관계 설정이었다. 아이들은 배부르면 부모를 찾지 않는다. 그러다가 배가 고프거나 필요한 것이 있으면 부모를 찾는다. 에덴동산에는 부족함이 없었을 것이다. 적어도 인간이 먹고 살아가기 위한 환경으로 에덴동산은 완벽한 곳이었다. 에덴동산의 환경은 인간이 사는 데 더는 필요한 것이 없었다. 이런 환경에서 사는 아담과 하와에게 유일하게 필요한 것은 하나님 존재와의 관계성이다. 살아 계시며, 인간들을 보고 계시고, 생육하여 번성하라는 명령을 잘 준행하길 바라고 계시는 하나님을 인식하고, 그 하나님과 계속 교제하는 것이 필요했다.

여기에 선악과의 존재 의미가 있다. 인간에게 하나님을 기억하도록 하기 위한 것이었다. 하나님과 인간 사이에 맺어질 관계를 위한 장치였다. 이 관계는 창조주와 피조물의 관계였다. 인간이 하나님을 전적으로 의존하며 살도록 하는 관계성이었다. 하나님은 무엇인가에 의존하지 않으면 안 되는 존재로 인간을 지으신 것이다. 이것은 인간의 운명이다. 인간의 종교성이라고 말할 수 있다. 이 사실을 항상 명심하며 지내도록 선악과를 동산의 중앙에 만들어 놓으셨던 것이다.

에덴동산의 완벽함은 바로 이것이다. 인간이 하나님을 의지하며 살아가도록 설계된 것이다. 선악과를 바라보면서 먹지 못하는 상황을 상상해 보라. 아쉽고 안타까울 수 있다. 안타깝지만 그 상황을 그대로 유지하며 살아야 한다. 그렇게 살 수 있는 길은 하나님 말씀을 기억하는 것뿐이다. "선악을 알게 하는 나무의 실과는 먹지 말라. 먹는 날에는 반드시 죽을 것이다." 이 명령을 기억하고 지키면서 동산에 있는 모든 나무와 실과를 마음껏 누리면 되는 것이다. 이 말씀을 기억하는 한 하나님을 의지하고 하나님 말씀을 지키며 살아갈 수 있다.

전능하신 하나님과 인간의 타락 가능성

그러면 하와를 유혹한 뱀은 어떤 존재인가? 뱀은 인간의 마음속에서 자연스럽게 나타나는 이성의 씨앗이다. 생각할 수 있고, 그로 말미암아 의심할 수 있는 능력을 뜻한다. 이성은 뱀처럼 지혜롭지만 간교하기도 하다. 에덴동산도 시간의 흐름 속에 성장을 이루는 변화가 있는 곳이었다. 성장 또는 성숙은 자연스럽게 이성의 발현을 가져온다. 의심할 수 있는 능력은 하나님 말씀에 정확히 초점을 맞출 때 온전한 순종을 뒷받침 한다. 하지만 이성이 그 말씀에 조금이라도 빗나가면 의심의 기능을 통해 하나님 말씀을 왜곡한다. 타락 가능성은 이렇게 구현되는 것이다.

타락 가능성을 전제한다면 하나님의 창조에 대한 온전함 은 어떻게 이해해야 하는가? 만약 하나님의 창조가 타락 가능 성을 내포했다면 하나님의 완전함에 문제가 있지 않겠는가? 여기서 하나님의 완전함, 피조된 세계의 완벽함, 타락 가능성 을 신학적으로 정리할 필요가 있다.

하나님의 완벽한 창조는 타락의 가능성을 내포한 창조다. 하나님의 완전성은 타락의 시나리오도 잉태하고 있다. 타락의 가능성을 내포했다고 해도 하나님의 완전성이 훼손되지는 않 는다. 여기서 타락의 가능성은 하나님과 인간 사이의 인격적 관계성을 전제한다는 뜻이다. 비록 타락할지라도 하나님은 인 간과 인격적 관계성을 맺으실 정도로 인간을 사랑하셨다. 하 나님을 기쁜 마음으로 신뢰하고 의지하기로 선택하는 자율성 을 인간에게 허락하신 것이다. 이 자율성을 허락하는 한 타락의 가능성도 함께 전제될 수밖에 없다. 이는 인간에게 배신당하고 상처받을 수도 있는 하나님을 뜻한다. 어떤 신학자는 이를 '상처받는(vulnerability) 하나님'이라고 표현하기도 했다.

하나님의 인격성과 상처받을 수 있음

완전한 하나님이 상처받는다고 표현할 수 있을까? 우리가 믿는 하나님은 인격적인 하나님이므로 인간의 감정을 느끼고 이해하신다. '구원의 하나님'은 죄악으로 말미암은 인간의 고통을 알고 계시는 하나님이라는 표현이 아닐까. 구원의 능력만을 뜻하는 것이 아니라 구원이 필요한 인간의 처참한 상황도 알고 느끼신다. 고통, 절망, 아픔, 배신, 좌절 등 인간의 감정을 우리와 동일하게 경험하신다.

그러나 하나님이 상처받을 수 있다는 것이 하나님의 불완전함을 의미하지는 않는다. 애굽에서 이스라엘 백성을 인도해 내시는 하나님을 보라.

> 여호와께서 이르시되 내가 애굽에 있는 내 백성의 고통을 분명히 보고 그들이 그들의 감독자로 말미암아 부르짖음을 듣고 그 근심을 알고 출 3:7

인간의 괴로움과 고통을 느끼고 들으시는 하나님이시다. 그렇다면 아픔도 느끼실 것이고 상처도 받으실 수 있다. 인간의 아픔과 고통을 느끼고 이해하시는 인격적 하나님이라야 우리가 구원의 하나님 그리고 임마누엘 하나님이라고 부를 수 있는 것 아닌가!

완전한 하나님이 완벽한 인간을 만드셨다고 해서 인간이 사전 조작된 프로그램에 의해 100퍼센트 작동하는 로봇 같은 존재임을 뜻하는 건 아니다. 인간은 자율적으로 반응하도록 만들어졌다. 그래서 하나님 말씀에 거역하고 불순종할 수도 있는 존재다. 하나님의 사랑과 하나님 말씀에 대한 순종도 마찬가지다.

성경은 인간이 선악과를 먹지 말라는 명령을 어김으로써 타락했다고 말씀한다. 우리는 하나님이 전지전능한 분임을 믿고 고백한다. 하나님의 완전성과 인간의 타락 가능성, 이 둘 사이의 상호 모순은 하나님의 완전성이 타락 가능성을 가진 인간을 만드셨다는 결론으로 해결될 수 있다. 다시 말하지만 인간 타락 가능성의 이유는 인간이 자율적 선택의 존재여야 했기 때문이다.

천사보다 조금 못하게 지으셨다는 말도 이런 관점에서 이해할 수 있다. 하나님의 온전한 계획과 섭리 안에서 천사보다 못한 인간이 만들어졌다. 하나님은 타락의 가능성을 내포한 인간의 자율성을 허락하실 정도로 인간을 사랑하셨다. 이 세상을 만들고 맡기실 만큼 사랑하신 것 아닌가!

우리는 하나님의 섭리와 베푸신 은혜에 초점을 맞추는 존재가 되어야 한다. 선악과를 보면서 항상 그 초점을 재조정해 나가는 삶을 살아야 한다. 창조되었을 때 인간의 온전한 상태로 살아가는 비결은 바로 이것이다. 늘 하나님의 뜻에 우리 생각의 초점을 조정하며 살아가는 삶이다. 선악과를 생각하지 않는 한 그 삶을 살아갈 수가 없다. 인간의 부족함을 망각하면 뱀의 유혹에 빠질 수밖에 없다. 다음에서는 그 자율성을 가진 인간이 어떻게 타락하는지 살펴보며 숨겨진 감사 메시지를 찾아보려고 한다.

하나님과 타락한 인간의 관계 지속

감사는 창조 신앙의 DNA다. 감사는 창조와 타락 사건의 핵심에 위치한다. 앞서 창조 사건의 핵심에 감사가 있다고 설명했다. 여기서는 타락한 인간과 관련된 감사의 의미를 간략하게 먼저 살펴보겠다. 인간은 하나님이 금하신 선악과를 따먹음으로써 타락했다. 그 결과 눈이 밝아져 벌거벗음을 부끄러워하게 되었고, 스스로 무화과나무 잎으로 만든 치마로 몸을 가렸다.

그러나 마음의 벌거벗음, 즉 영적 수치심까지 가릴 수는 없었다. 선악과를 따 먹고 나서 "동산에 거니시는 여호와 하나님의 소리를 듣고 아담과 그의 아내가 여호와 하나님의 낯을 피하여 동산 나무 사이에 숨은"(창 3:8) 이유가 바로 그것이다. 영적 수치심은 옷으로 가려지지 않았고, 자신도 모르게 숨도록 만들었다.

하나님은 벌거벗음을 부끄러워하는 인간에게 가죽옷을 지어 입히셨다. 신학자들은 가죽옷을 지어 입히신 사건을 하나님이 제사, 즉 예배 드리는 법을 가르쳐주신 것이라고 해석한다. 가죽은 동물을 잡아야 나오는 것으로, 피를 흘리는 제사를 요구하셨다는 것이다. 마음을 씻는 일은 피 흘림이 필요한 일이기 때문이다.

제사를 가르치신 것은 감사 DNA의 복원을 뜻한다. 타락함으로써 에덴동산에서 쫓겨난 아담과 하와가 하나님과의 관계를 지속할 수 있도록 하나님은 곧바로 제사를 가르치셨다. 그 제사의 핵심이 감사다. 따라서 감사 없는 제사는 제사가 아니다. 가인과 아벨의 제사 이야기에서 하나님이 아벨의 제사만 받으신 근거가 여기에 있다. 하나님이 요구하신 제사는 짐승을 잡아 피를 흘리는 제사였다. 하나님과의 교제를 위한 마음을 준비시키기 위함이었다. 누군가 대신 생명을 내어놓는 피 흘림의 희생이 없다면 하나님께 나아갈 수 있는 마음이 준비되지 않은 것이다. 예수 그리스도 보혈의 공로로 말미암아 우리는 하나님께 나아갈 수 있게 되었다. 그 은혜로 생명을 얻은 것이기에 감사하지 않을 수 없다. 타락에 따른 감사의 상실을 제사를 통해 다시 복원한 것이다. 그래서 제사의 본질은 감사다.

감사 제사는 타락한 인간을 위해 하나님이 예비하신 축복의 삶을 누리는 통로다. 매주 예배를 드리는 것은 매주 감사를 반복해야 한다는 뜻이다. 뿐만 아니라 매일 또는 매 순간 반복해 감사하며 살아갈 때 주어진 삶을 하나님의 축복 가운데 누리며 살 수 있다.

타락 이전의 예배, 감사로 누리는 삶

인간이 타락하기 이전 창세기 1-2장의 내용에는 예배 또는 제사의 기록이 나와 있지 않다. 그렇다고 해서 예배가 없지는 않았을 것이다. 지금 우리가 주일마다 드리는 예배의 형태는 아니더라도 예배의 뜻을 지닌 어떤 형태의 예배가 이루어지고 있었을 것이다.

그 예배는 다름 아닌 하나님 말씀에 순종하며 하나님과 함께 사는 것이었다. 삶이 예배이고, 풍성한 삶을 누리는 것이 최고의 예배였다. 여기서 예배의 본질적 의미를 확인할 수 있다. 하나님 앞에서의 삶이 예배인 것이다.

에덴동산은 인간이 살기에 완벽한 조건을 갖춘 곳이었다. 하나님이 창조주로, 인간은 피조물로 살 수 있는 환경이었다. 이 완벽한 환경은 동산의 모든 나무의 실과를 마음대로 먹되 선악과만큼은 먹지 않고 살아갈 때 모든 것을 즐길 수 있는 환경이었다. 창조주와 피조물의 완벽한 관계성을 설계한 것이다. 그 관계성 안에서 "생육하고 번성하여 땅에 충만하라"는 하나님의 축복을 그대로 실현하며 사는 것이 삶의 목적이었다. 따라서 하나님의 뜻을 이루기 위해 그분이 주신 최고 환경에서 마음껏 즐기고 살아가는 삶 자체가 곧 예배였다.

이 복된 삶의 원칙을 깬 것은 다름 아닌 인간이었다. 불순종으로 하나님과 인간의 관계가 깨지고 온전한 삶의 환경은 파괴되었다. 하나님께 감사할 수 있는 환경을 파괴한 것이다. 하나님은 약속대로 인간을 내쫓으셨다. 하지만 하나님과의 관계를 지속할 수 있는 최소한의 조건을 마련하셨다. 그것은 타락 전에 예비되었던 감사의 삶을 다시 살 수 있도록 하는 것이었다. 비록 타락한 존재가 되었지만 예배 또는 제사를 통해 감사를 고백할 수 있는 길을 마련해 주신 것이다. 하나님께 나아가는 유일한 길이 예배요 하나님과 연결될 수 있는 한 가지 고백이 감사다.

창조 사건에서 찾은

감사 계명

신학은 신앙을 이론적으로 체계화한다. 주제를 부분적으로 다루기보다 전체적으로 다룬다. 전체적으로 파악해야 실체를 파악할 수 있기 때문이다. 그래서 감사 신학을 통해 감사의 실체를 제시하려고 한다.

창세기 1-3장에서 일어난 창조 및 타락과 관련된 일련의 사건에서 우리는 감사의 실체를 발견할 수 있다. 앞서 감사 신학은 감사가 창조 신앙의 DNA임을 선언했다면, 지금부터는 일곱 가지 감사를 자세히 살펴보면서 감사 신학에 대해 제시하고자 한다.

다채로운 감사의 색깔

우리 입에서 진심으로 "감사합니다!"라는 고백이 흘러나올 때 마음 깊숙한 곳으로부터 밀려 나오는 감동이 있다. 이 감동은 대단한 것일 수도 있고, 아주 작은 것일 수도 있다. 마음이 흐뭇하고, 가슴이 벅차오르며, 몸으로도 느낄 수 있는 감동의 물결이다.

그런데 이 감동의 물결은 다양한 색깔로 나타난다. 감사는 생일선물을 받거나 자녀한테 안부 전화를 받았을 때의 감동, 자신에게 주어진 것들을 마음껏 누리고 즐기고 난 뒤의 흡족한 마음, 부족함이 없다는 고백, 모든 것이 만족스럽다는 느낌, 어떤 고난도 이겨낼 수 있으리라는 자신감, 갑자기 닥친 불행도 거부하지 않고 받아들이겠다는 마음, 정말 중요한 한 가지에만 관심을 집중하겠다는 마음, 이제부터 바르고 정직하게 살겠다는 다짐 등 다양한 경우에 이루어진다.

이런 마음은 감사 고백과 더불어 자연스럽게 따라 나오는 느낌이다. 아니, 이런 느낌들이 "감사합니다"라는 말로 집약되어 표현된 것이라고 말할 수 있다. 서두에서 사용한 표현을 빌리자면 감사는 여러 가지 다채로운 언어로 표현될 수 있다. 이런 다양한 느낌의 실체를 하나씩 살펴보면서 감사의 다양한 빛을 느껴 보자.

감사의 언어가 다양한 이유는 감사 고백이 우리 삶을 풍요롭게 하며, 삶의 위기를 극복하는 살아 있는 능력으로 나타나게 하기 위함이다. 어떤 삶의 순간에 어떤 마음의 힘이 필요한지를 알면 우리 삶 속에서 필요할 때마다 감사 고백을 통해 그 힘을 발휘할 수 있다. 삶의 여러 상황에 따라 때로는 마음을 열어야 하고, 때로는 마음을 모아야 하며, 때로는 마음을 평안하게 정리하거나 절제할 필요가 있다. 놀랍게도 감사 고백은 이런 다양한 마음과 함께 작용한다.

창조 사건에 숨겨진 감사 메시지

하나님은 40일 홍수 이후 무지개를 보여주셨다. 다시는 이 세상을 물로 심판하지 않겠다는 약속이었다. 이 무지개는 어디에 있었을까? 7일째 안식하는 것으로 창조를 마치셨으므로 무지개를 새로 창조하신 건 아니라고 말할 수 있다. 하나님은 어딘가에 몰래 숨겨놓으셨을 것이다. 이처럼 감사 메시지도 창조 사건 속에 숨겨져 있다. 태초에 감사가 있었으며, 하나님은 천지를 창조하시고 이 세상에서 살아가는 인간들이 최상의 복된 삶을 살도록 감사의 원리를 세우셨다.

하나님은 태양, 돌, 식물, 동물, 하늘 등에 하나도 빠짐없이 감사 인자를 장착해 놓으셨다. 무엇보다 하나님의 형상을 닮은 인간의 마음속에 감사가 새겨졌다. 생육하고 번성하여 땅에 충만하도록 살아가라는 말씀은 서로가 감사로 하나님의 축복을 누리며 살라는 감사 네트워크 형성의 명령이다. 감사 네트워크는 사람 사이에서만 형성되는 것이 아니다. 자연, 사람 그리고 하나님 사이에 감사 신경계를 연결할 수 있다. 우주 만물의 조화와 균형이 감사 네트워크의 작동으로 이루어지도록 만드신 것이다. 그 감사 네트워크가 일곱 가지 무지갯빛이다. 이는 창조 때 보이지 않았다. 아담과 하와를 만드실 때 몸의 신경계와 핏줄이 보이지 않았던 것과 같다.

감사의 빛은 창세기 1-3장에 등장하는 창조와 타락 사건을 통해 하나씩 드러난다. 직접 조명이 아닌 간접 조명이다. 각 사건에 감사 관련 메시지가 숨겨져 있다. 창세기에서 감사의 직접 표현을 찾을 수 없는 이유다. 간접 조명의 아름다움은 명쾌함과 뚜렷함이 아니라 은은함과 측정할 수 없는 깊이와 감동에서 비롯된다.

간접 조명으로 비추는 감사의 아름다운 일곱 색깔을 소개하겠다. 이는 창조의 축복을 누리며 살아가고자 하는 믿음의 사람이 지켜야 할 감사 7계명이다.

제1계명은 하나님이 우주 만물을 만드시고 그 전부를 대가 없이 공짜로 주신 것에 대한 감사다. 하나님은 이것을 마음껏 누리라고 격려하셨다. 이는 동산에 있는 모든 나무의 실과를 임의로 먹으라는 하나님 축복의 말씀에 나타난다. 그리고 이에 대한 우리의 감사 고백이 있다. "하나님, 감사합니다. 이 세상의 모든 것을 거저 주셨습니다!" 제1계명만 충분히 지켜도 우리는 이 세상을 넉넉히 살아갈 힘을 가질 수 있다.

제2계명은 동산 중앙에 놓인 선악과에 대한 감사다. 선악과를 먹지 못하도록 금하신 것에 대해 인간은 아쉬움이나 불만을 가질 수 있다. 하지만 그 아쉬움은 이 세상을 살면서 모든 것을 가지려는 마음속의 욕심을 좇아가지 않도록 하기 위함이다. 인간에게 이미 주신 것으로도 충분하다는 고백을 하며 살라는 우리 인생의 보호와 돌봄의 신호등인 것이다. 적색 신호등이 켜지면 아쉬움을 접고 욕심을 내려놓으며 고백해야 한다. "하나님, 감사합니다. 이미 주신 것만으로도 충분합니다." 이처럼 제2계명은 제1계명의 복을 잊지 않고 누리도록 해준다는 데 중요한 의미가 있다.

앞서 언급한 두 가지 감사 계명은 창조 신앙의 기본 원리다. 이 세상을 살아가는 데 명심해야 할 기본적인 감사 원리다.

제3-7의 감사 계명은 타락한 인간이 험악한 세상에서 살아가는 힘과 지혜로서의 감사다.

제3계명은 뱀이 하와를 유혹해 선악과를 따 먹은 사건에 숨겨진 감사다. 뱀은 하나님이 동산의 모든 실과를 먹지 말라고 하셨느냐는 왜곡된 질문으로 유혹을 시작했다. 하와는 뱀의 유혹을 받자 하나님 말씀을 부분 왜곡하며 반응했다. "하나님이 먹지도 말고 만지지도 말라"고 하셨다고 대응한 것이다. 이 역시 부분 왜곡이다. 부분 왜곡은 뱀의 유혹을 한 단계 진척시켜 하나님 말씀을 정면으로 부인할 수 있도록 했다. "너희가 결코 죽지 아니하리라 너희가 그것을 먹는 날에는 너희 눈이 밝아져 하나님과 같이 되어 선악을 알 줄 하나님이 아심이니라"(창 3:4-5). 뱀의 이 말은 "선악을 알게 하는 나무의 열매는 먹지 말라 네가 먹는 날에는 반드시 죽으리라 하시니라"(창 2:17)는 하나님 말씀을 정면으로 대적한 것이다.

이 말을 들은 하와는 결국 하나님 말씀을 어기고 선악과를 따 먹는 죄악을 범했다. 유혹, 말씀의 부분 왜곡, 말씀 부인, 불순종으로 이어지는 일련의 과정은 우리가 통상적으로 죄를 짓는 과정을 보여준다. 이런 죄악으로부터 마음을 안전하게 지키기 위한 믿음의 선언이 바로 감사다. "하나님, 감사합니다. 세상 유혹과 의심 속에서 하나님 말씀을 왜곡하거나 부인하지 않고 말씀을 철저히 따르겠습니다." 이 같은 감사 선언은 유혹과 의심을 물리칠 힘을 공급해 준다.

제4계명은 선악과를 먹지 말라는 하나님의 명령을 어기고 따 먹은 후 느끼는 두려움과 부끄러움에 대한 계명이다. 인간에게 죄를 짓도록 만드는 유혹은 밖에서만 오는 것이 아니라 우리의 마음 안에서도 온다. 특히 마음의 상처로부터도 온다. 선악과를 따 먹음으로써 인간은 타락했다. 타락한 성품을 대표하는 것이 마음의 두려움과 부끄러움이다. 그 두려움과 부끄러움을 통해 우리의 죄악을 볼 수 있도록 하나님은 우리를 회개와 용서의 장으로 부르셨다. "네가 어디 있느냐"는 회개를 촉구하는 하나님의 음성이다. 그 순간 우리는 감사의 고백을 통해 "하나님, 감사합니다. 주의 음성을 통해 저의 죄를 깨달았습니다"라고 하면서 즉시 회개로 나아가야 한다. 하나님은 회개 고백에 꼼짝 못 하신다. 진심으로 고백하는 회개는 반드시 하나님의 사죄와 용서를 받는다. 감사 고백은 마음을 열고 죄를 고백하게 한다.

제5계명은 하나님이 선악과를 따 먹은 아담과 하와에게 내리신 징계 가운데서 살아가는 마음의 기본자세로, 감사 고백이다. "하나님, 감사합니다. 이 세상에 허락하신 모든 혼란과 무질서, 척박함, 부당함의 환경이 힘들고 어려워도 이 모든 상황을 받아들이겠습니다." 이 세상이 싫어도 부당해도 악해도 힘들어도 받아들인다면 세상은 더 이상 우리를 넘어뜨리지 못할 것이다. 감사 고백은 그 모든 것을 받아들이게 하는 힘이 되어준다.

제6계명은 하나님이 아담과 하와에게 가죽옷을 지어 입히신 사랑의 돌봄에 대한 응답으로서의 감사다. 가죽옷은 타락한 인간이 하나님과의 관계를 회복하고 하나님의 은총에 힘입어 살아갈 수 있게 하는 제사, 즉 예배를 의미한다. 하나님이 예배를 드릴 수 있는 존재로 회복시켜 주신 것이다. "하나님, 감사합니다. 제사를 통해 하나님께 다시 나아갈 수 있게 하셨사오니 감사의 삶을 다시 시작하겠습니다." 하나님께 제사를 드리는 마음의 자세로, 이는 타락으로 말미암아 상실한 감사의 마음을 회복하는 기회가 되어준다. 예배를 드리는 한 감사의 마음은 회복될 수 있다.

제7계명은 감사 고백의 최종 대상은 하나님이라는 것이다. 우리는 삶의 조건과 상황의 변화, 즉 하나님이 주신 그 무엇에 대해 감사한다. 그러나 삶의 조건과 상황은 감사 내용일 뿐이다. 그러나 우리의 감사 고백을 받으실 분은 오직 하나님이시다. 우리는 감사 내용과 고백의 대상을 혼동하지 말아야 한다. 성경에 나오는 모든 감사는 하나님을 향하고 있다. 오직 하나님께만 예배를 드리듯 감사의 궁극적 대상은 오직 하나님뿐이다. "하나님, 감사합니다. 이제부터 온 마음과 뜻과 정성을 다하여 하나님께만 감사하겠습니다."

감사 7계명은 모두 실천을 위한 안내 지침이다. 실제 감사를 연습하고 실천하여 그 열매를 누리기 위한 감사 지침인 것이다. 그러므로 실천하지 않으면 아무런 소용이 없다. 실천한다면 감사의 기적을 누리며 살아가게 된다.

우리는 감사 신학의 일곱 가지 감사 계명을 확실하게 알 필요가 있다. 그러나 아는 것으로 감사의 기적을 누리며 살 수는 없다. 실천에 옮겨야 한다. 그래서 감사 7계명을 먼저 다루고 나서 따로 감사 실천을 다루려고 한다. 지금부터 감사 7계명의 7가지 다른 언어를 하나씩 자세히 살펴보면서 감사의 다양한 빛을 우리 마음속에 비추어 보자.

Part 2

감사의

7가지 언어

대가 없이 받았음에 감사

"모든 것을 주셨습니다"

다섯 살짜리 딸아이가 엄마 품에 안겨 묻는다.

"엄마, 나는 누가 낳았어?"

"엄마가 낳았지!"

"정말?"

"그럼!"

"그럼 이 집은 누가 준 거야?"

"그건 아빠가 사줬지!"

"진짜?"

"진짜지!"

"야! 우리 엄마 아빠 최고다."

살아 있음에 감사

다섯 살짜리 아이와 엄마의 흔한 대화다. 이 대화가 하나님과 우리의 관계를 말해 준다. 하나님이 우리에게 베푸신 두 가지를 정확하게 말해 주고 있다. 첫째는 우리의 생명, 둘째는 우리가 살아가는 데 필요한 모든 조건이다. 하나님이 인간에게 생명을 주시고 우주 만물을 만들어주셨다는 것은 창조의 기본 사실이다. 우리 자신과 우리가 살아가는 데 필요한 모든 조건을 주셨다면 하나님은 우리에게 모든 것을 주신 것이다. '하나님은 너를 지키시는 자'라는 복음성가의 가사가 떠오른다.

하나님은 너를 지키시는 자 너의 환난을 면케 하시니

그가 너를 지키시리라 너의 출입을 지키시리라

눈을 들어 산을 보아라 너의 도움 어디서 오나

천지 지으신 너를 만드신 여호와께로다

시편 121편의 말씀으로 노래한 이 복음성가는 1-2절에 "너를 만드신"이라는 구절을 추가했다. 이 복음성가의 가사 내용은 첫 번째의 감사 내용을 그대로 표현해 놓았다. 우리의 감사는 바로 우리를 위해 천지 만물을 만드시고 우리를 창조하신 여호와께 드리는 것이다. 감사의 출발이다. 우리를 존재케 하셨기 때문이다.

하나님의 자녀인 우리도 마찬가지다. 하나님으로부터 모든 것을 받았다. 우리의 육적 생명뿐 아니라 영적 생명, 우리가 살아가는 이 세상과 이 세상을 사는 데 필요한 모든 것을 하나님으로부터 받았다. 그렇다면 우리의 첫 고백과 마지막 고백은 동일하게 감사가 되어야 한다. 이 감사는 하나님의 창조 때부터 계획된 것이다.

하나님의 걸작 에덴동산

하나님이 인간을 창조하실 때 마음속에 감사 DNA를 심으셨다면 타락 이전에 감사의 마음 표시 또는 감사 표현이라도 있어야 할 것이다. 하지만 창세기에서는 감사 표현도 찾을 수 없다. 그렇다면 타락 이전 창조 때부터 존재했던 감사 마음의 원형을 어떻게 찾을 수 있을까?

상상 속에서 에덴동산을 돌아보자. 에덴동산은 이 우주에 존재하는 어느 곳보다 월등하게 좋은 최고의 장소였을 것이다. 2018년 세계 1위의 갑부 빌 게이츠가 지은 집 '재너두(Xanadu) 2.0'을 살펴보면 실로 대단한 집임을 알 수 있다. '재너두'는 14세기 마르코 폴로의 《동방견문록》에 나오는 중국을 가리키는 라틴어 '캐세이'(Cathay)를 따서 지었다고 한다. 빌 게이츠는 30년 전부터 이 집을 기획해 1,850평의 땅을 23억 원에 구입해서 7년에 걸쳐 714억 원의 건설비용을 투입하여 건축했다. 현 시가는 1,400억 원 정도라고 한다.

이 저택은 최첨단의 시설을 갖추었다. 주방 6개, 수영장, 대형 디지털 스크린, 도서관 등이 있다. 심지어 방문하는 사람의 정보를 입력하면 집안을 돌아다닐 때 그 사람이 좋아하는 음악이 저절로 울려 퍼진다고 한다. 정말 환상적인 집이 아닐 수 없다. 아마도 이 세상에는 빌 게이츠의 집과 견줄 만한 좋은 집이 꽤 있을 것이다.

그러나 아무리 좋아도 에덴동산만큼 좋을 수는 없다. 집만 좋다고 살기 좋은 것도 아니다. 집 밖으로 나가면 이 세상은 소음과 공해, 오염된 먹거리로 위협받고 있다. 인터넷에 들어가 보면 악플이 판을 치고 있다. 직장에서는 기업주의 갑질도 있다. 이것이 세상 사람들이 살아가는 현실이다. 게다가 8.0 강도의 지진이 3분 이상 지속되면 이 지구상에 남게 되는 나라가 하나도 없다고 한다.

반면 에덴동산은 청정 무공해 먹거리가 보장되어 있다. 오염도 공해도 없고, 소음도 악플도 고용주의 갑질도 없는 곳이다. 이 세상에 존재하는 좋은 곳과도 비교할 수 없을 정도다. 성경은 이런 에덴동산의 모습을 두 가지 표현으로 요약하고 있다.

하나는 "하나님이 보시기에 좋았더라"다. 다른 하나는 "동산 각종 나무의 열매는 너희가 임의로 먹되"라는 표현이다. 전지전능하신 하나님이 보시고 좋다고 말씀하셨다. 그렇다면 최고로 좋은 곳임에 틀림없다. 아무리 훌륭한 설계와 디자인, 최고의 재료로 집을 지었다고 해도 그 아름다움은 에덴동산에 미치지 못할 것이다.

하나님은 이 세상을 지으면서 "보시기에 좋았더라"는 말을 여섯 번이나 반복하셨다. 무릉도원이나 유토피아 등 인류 역사와 동서고금을 통틀어 사용해 온 모든 단어를 동원해도 에덴동산의 뛰어남을 표현할 수 없을 것이다. 상상할 수 없을 정도로 좋은 곳이었다는 것을 알 수 있다. 하나님은 아담과 하와에게 이 좋은 곳을 주셨다. 아무런 대가 없이 공짜로 주셨다. 그뿐 아니라 그 안의 모든 것을 제한 없이 마음대로 누리고 즐기도록 해주셨다.

대가 없이 주어진 에덴동산

하나님은 아담과 하와에게 이처럼 좋은 에덴동산을 거저 주셨다. 성경을 다 읽어 봐도 하나님이 에덴을 주시면서 대가를 요구하신 적이 없다. 우리가 아담이나 하와였다면 어떻게 반응했을까? "신난다! 최고다! 짱이다! 대박이다!" 등등 소리를 지르고 쾌재를 부르며 얼굴을 꼬집어 보고 신이 나서 기뻐 날뛰었을 것이다.

나라면 믿어지지 않아서 아마 등기부 등본이라도 확인했을 것 같다. 아뿔싸! 그 등기부 등본을 확인해 보니 에덴동산의 소유주는 하나님이다. 잠깐 실망스럽다는 느낌이 드는 순간, 그 등기부 등본에 영구 전세권이 보장되어 있다는 사실을 확인하게 된다. 보증금도 없고 월세도 없고, 월세든 전세든 상관없이 영원토록 인상될 일이 없을 것이라는 확실한 단서 조항을 확인하고 안심의 한숨을 내쉬었을 것이다. 그리고 임차인인 우리가 에덴동산의 청지기라고 표기되어 있다는 사실에 다시 한 번 쾌재를 부를 것이다. 갑질하는 하나님이 아니라 최고 대우를 해주시는 하나님이다.

그런데 에덴동산이 공짜로 주어졌다는 사실에 신나는 반응이 전부일까? 주체할 수 없는 감격과 감동을 잠깐 가라앉히고 지그시 눈을 감아 본다. 온 우주를 만드시고 그 우주의 전부를 우리에게 선물로 주신 하나님을 생각할 때 마음속에 한 마디 고백이 떠오른다. "감사합니다!" 왜일까? 열심히 돈을 벌어 우리 능력으로 마련한 것이 아니기 때문이다. 단 한 푼이라도 우리의 지분을 주장할 것이 없는 에덴동산이 공짜로 주어졌기 때문이다.

에덴동산에서의 감사 표현

우리 믿는 자들에게 주어진 은혜는 두 가지다. 하나는 예수를 영접하고 죄 사함을 통해 주어진 영생의 은혜다. 다른 하나는 창조 때 아무런 대가 없이 우주 만물을 받은 은혜다. 하나님은 세상을 다 만드신 후에 조건 없이 주시면서 "생육하고 번성하여 땅에 충만하라, 땅을 정복하라, 바다의 물고기와 하늘의 새와 땅에 움직이는 모든 생물을 다스리라"는 축복과 권면의 말씀도 함께 주셨다.

우리가 수고하고 노력해서 장만한 것이 아니기에 당연히 감사가 있어야 한다! 아담과 하와는 에덴동산을 선물로 받았다. 그렇다면 감사하다고 고백했을까? 성경은 이 부분에 대한 언급이 전혀 없다. 감사 표현이 없다면 감사의 마음은 있었을까? 성경은 타락한 이후의 인간 모습에 대해서만 말씀하고 있을 뿐이다. 하나님을 알면서도 감사하지 않는다고 말이다. "하나님을 알되 하나님을 영화롭게도 아니하며 감사하지도 아니하고"(롬 1:21). 이 말씀은 하나님을 알면 그분을 영화롭게 하고 감사해야 한다는 것을 전제로 하고 있다.

아무튼 성경에서는 아담과 하와의 감사 표현을 찾을 수 없다. 왜일까? 타락하기 전에도 감사하지 않았다는 말일까? 그건 아닌 것 같다. 감사의 흔적을 찾기 위해 창세기를 통해 상상의 나래를 펼쳐 보자. 아담과 하와의 감사 표현은 없지만 감사의 마음은 있었을 것이다. 우스꽝스러운 생각이지만 받은 선물이 너무 엄청나서 감격한 나머지 놀란 입을 다물지 못해 미처 감사 표현을 하지 못했던 것은 아닐까.

감사의 경험은 존재론적인 사건이다. 말로 표현하기 전에 먼저 마음으로 느낀다. 그리고 말로 표현하기도 하고, 더 나아가 삶으로 표현되기도 한다. 창조 이후 타락하기 전까지의 감사가 그렇다. 아담과 하와가 살던 에덴동산은 공짜로 주어졌다. 모든 것이 하나님께로부터 왔다는 사실을 인지하고 인정하고 수용하고 누리며 살아간다. 이 누리는 삶 자체가 바로 감사 표현이다. 최고의 표현인 것이다.

구체적인 언어 표현 이전에 영으로 받아들이고 느낌으로 알며 몸으로 살아가는 것이다. 전 인격체를 가지고 주어진 것을 충만히 누리며 살아가는 삶 자체가 감사 표현이다. 받은 선물이 감사하면 그 선물을 애지중지하고 충분히 사용하며 만끽하는 것과 같다. 하나님은 생육하고 번성하여 땅에 충만하라고 말씀하셨다. 모든 생물을 다스리라는 말씀이 있었고, 동산 각종 나무의 열매는 마음대로 먹으라고 말씀이 있었다. 이 말씀대로 사는 것이 바로 감사의 삶이다. 누리며 사는 것이다. 아담과 하와는 이 마음을 가지고 주어진 대로, 말씀하신 대로 모든 피조물을 마음껏 누리는 삶을 살아갔다.

아담과 하와의 마음에 감동과 감격이 있었을 것이다. 아담과 하와는 한 몸이 되는 사건으로 말미암아 하나님께 감사하는 최고의 삶으로 살았을 것이다. 그 사건은 감사보다 더한 감동이었고, 감동보다 더한 감격이었을 것이다.

감사(感謝)라는 한자어를 풀이하면 '마음을 다해 말로 표현하는 것'이다. 감동은 '마음을 다함으로써 마음이 움직였다'는 뜻이다. 아니 마음만이 아니라 몸도 움직였고 행동도 이어졌을 것이다. 감격은 '마음을 다하는 가운데 마음속에 물결이 부딪치며 흐를 정도가 된다'는 뜻이다. 행동으로 옮기되 손과 발로, 몸과 삶으로 감사의 마음을 전하고 표현하는 것이다. 에덴동산에서의 삶은 감사 표현을 넘어 감동과 감격의 느낌이 충만할 뿐 아니라 행동과 삶으로 이어졌을 것이다. 이 놀랍고 위대한 창조의 선물을 누리는 것을 말로 표현하기에 인간의 능력이 부족했을 것이다. 한 마디로 에덴동산에서는 말로 고백하는 감사 표현이 없었지만 삶으로 살아내는 표현이 있었다.

존재론적 감사

　창조의 관점에서 생각해 보면 이 세상에 존재하는 모든 것이 감사의 이유가 된다. "와! 이 꽃 너무 예쁘다!" "향기가 진짜 좋다!" "오늘은 하늘이 정말 푸르네!" "봄 햇살이 따스한 날이다!" "풀벌레 소리가 가을을 알려주네!" "산들바람이 머리를 스쳐 지나간다!" 자연을 보고 느낄 때마다 우리가 쏟아내는 탄성이다. 자연이 없었다면 이런 경험도 표현도 있을 수 없었을 것이다. 하나님이 없었다면 우주 만물이 없었을 테니 결국 하나님이 만드셨기에 있을 수 있는 감동의 표현이다.

　하나님 없이는 예술이 있을 수 없고, 예술인도 존재하지 않을 것이다. 하나님과 우리의 관계는 그렇게 시작되었다. 사실 곰곰이 생각해 보면 모든 것이 감사의 대상이다. 가족, 건강, 직업, 자연, 사람, 환경! 이 세상에 별이 없었다면 우리가 밤하늘을 보며 연애감정을 나눌 수 있었을까? 사랑의 감정을 묘사하는 유행가 가사도 나오지 못했을 것이다. "저 별은 나의 별 저별은 너의 별…." 아름다운 꽃, 푸른 하늘이 없었다면 아름다움을 만끽할 때의 느낌을 경험할 수 있을까? 당연히 불가능하다.

　우리가 살아가는 모든 환경은 주어진 것이다. 우리가 만든 것이 아니다. 그 깨달음에 감동이 있다면 감사 고백으로 이어질 것이다. 숨 쉬는 것도 감사고 살아 있는 것도 감사다. 사는 것도 감사할 일이다. 혼자 생활한다고 혼자 사는 것이 아니다. 가족, 친구, 동료, 이름 모를 이웃 등과 더불어 살아가고 있다. 알게 모르게 서로 도움을 주고받으며 공존하며 살아가고 있다.

교회에 나와 예배 드리는 것도 그렇다. 큰 예배당에서 혼자 예배를 드린다고 상상해 보라. 얼마나 썰렁하겠는가! 그러므로 옆에 앉아 함께 예배 드리는 성도를 잘 모를지라도 그에게 감사할 일이다.

예배 때 감사의 마음이 없다면 예배가 아니다. 예배를 통해 배우기도 하고 은혜도 받고 깨닫기도 한다. 하지만 배우기 위해, 은혜를 받기 위해, 깨닫기 위해 예배 드리는 것은 아니다. 예배 드릴 때 가장 기본은 하나님께 감사를 고백하기 위함이다. 또한 감사로 나아갈 때 하나님과 생명의 영적 관계가 지속된다.

하나님이 우리에게 베푸신 은혜를 가장 크고 넓게 느끼고 표현하는 고백이 바로 감사다. 하나님을 안다면, 정말 알고 경험했다면 감사 고백이 절로 나온다. 생명을 주신 하나님! 우리를 보호하고 인도하며 축복하시는 하나님을 알고 경험한다면, 그분이 우리와 함께하신다는 확신이 있다면 감격의 마음으로 진심 어린 감사 고백을 할 것이다.

우리는 감사 신앙을 가진 성도가 되어야 하고, 감사의 마음으로 예배를 드려야 한다. 오늘날 한국 교회의 문제는 감사가 없다는 것이다. 예배 드릴 때 모든 것, 자신이 살아 있음과 지금 이 순간을 감사로 고백하는 예배가 되기를 소망한다. 하나님이 모든 것을 주신 것에 감사하는 성도다운 모습으로 살아가고, 하나님이 우리에게 허락하신 모든 것을 누리며 살아가는 복의 존재가 되기를 소원한다.

예수를 믿는다면서도 감사가 없다면 복음을 들었음에도 자신이 멸망당했어야 할 죄인임을 제대로 깨닫지 못한 것이다. 우리는 영원한 심판으로부터 아무런 대가 없이 구원을 받았다. 우리의 죄 사함은 십자가에서 흘리신 주님의 보혈로 이루어진 것이다. 그래서 우리는 감격하고 또 감격한다. 그 결과 우리에게 주어진 것이 무엇인지 우주적으로 생각해야 한다. 이것이 창조 신앙이다.

"창조주 하나님이 우리의 아버지가 되어 주심에 감사드립니다. 당신은 우리에게 생명을 주셨고, 이 세상에서 살아가는 데 필요한 모든 것을 공급해 주셨습니다. 그것을 누리며 살아가게 해주셔서 무한 감사합니다."

아쉬움을 다스리는 감사

"지금 모든 것이 충분합니다"

항상 부족한 광야 같은 인생

유치원에 들어가더니 아들의 요구가 제법 많아졌다. 맛있는 것, 갖고 싶은 것 등 모든 것을 공급해 주는 사람은 아이의 엄마다. 어느 날 아들은 백화점 쇼핑을 가는 엄마를 따라나섰다. 백화점에 도착해 장난감 코너를 지나갈 때였다.

"엄마, 나 자동차!"

"집에 있잖아!"

"엄마, 나 아이스크림!"

"집 냉장고에 아이스크림 많이 남아 있잖아!"

"그럼 초콜릿!"

"초콜릿 많이 먹어서 이빨 썩었잖아."

여섯 살 아이는 눈에 보이는 모든 것을 갖고 싶어 하고 먹고 싶어 한다. 하지만 엄마는 야속하게도 매번 들어주지 않는다. 엄마는 늘 안 된다는 말부터 한다.

이 여섯 살 아이의 모습은 우리가 하나님 앞에서 투정 부리는 모습을 생각나게 한다. 광야 같은 인생을 살다 보니 늘 부족함을 느끼기에 더 달라고, 좋은 것으로 달라고 투정을 부린다. 돈, 건강, 성공, 사랑, 지식 등 온통 부족한 것투성이다. 사실 이만큼 사는 것도 무척 고마운 일일 텐데 말이다.

선악과에 담긴 감사 메시지

첫 번째 감사 고백의 핵심은 "모든 것을 공짜로 주셨습니다!"였다. 하나님이 창조하신 우주 만물을 우리가 누리도록 하셨다는 사실에 대한 감사다. 그런데 그 모든 것 가운데 선악과만 먹지 말라는 금지 명령이 내려졌다. 동산의 모든 실과는 마음대로 먹되 선악과를 먹으면 정녕 죽으리라는 경고와 함께 먹지 말라는 금지 명령을 내리셨다. 이 선악과에 감사 메시지가 담겨 있다.

그 감사 교훈을 찾기 위해 에덴동산으로 다시 돌아가 보자. 6일간의 창조와 함께 인간에게 주어진 하나님의 핵심적 메시지는 "동산의 모든 실과는 네 임의로 먹으라"는 말씀과 "동산 중앙의 선악을 알게 하는 나무의 실과는 먹지 말라"는 말씀으로 요약된다. 태초에 있었던 하나님 명령의 핵심이 인간의 본능 가운데 하나인 먹는 것에 집중되어 있다는 사실이 놀랍다. 사실 먹는 것은 인간의 생활과 문화의 중심을 이루고 있다.

먹는 것이 문화의 핵심이라는 사실은 먹는 것이 영성의 핵심이라는 교훈을 떠올리게 한다. 음식의 종류에 따라 만나는 장소, 사람, 예절 등이 달라진다. 분식집에서 라면을 먹는 것과 최고급 호텔 스카이라운지에서 값비싼 뷔페 음식을 먹는 것의 차이는 음식과 가격만이 아니다. 만나는 사람도 다르고 만남의 의미도 다르며 만나는 격식도 다르다. 그러므로 먹는 것에 대한 더 깊은 영적 성찰과 연구가 있어야 한다.

동산에 있는 모든 나무의 실과를 임의로 먹으라는 말씀은 모든 것이 공짜로 주어졌다는 것이다. 이 사실에 대한 반응이 첫 번째 감사의 내용이었다. 두 번째 주어진 하나님 말씀은 "동산 중앙의 선악을 알게 하는 나무의 열매는 먹지 말라"는 것이었다. 이 선악과에 대한 금지 명령이 두 번째 감사 교훈을 담고 있다. 첫 번째 명령이 제한 없는 무한대 축복의 말씀이었다면 두 번째는 한계를 정하는 제한 명령이다.

먹음직한 것을 눈앞에 만들어놓고 먹지 말라는 제한이나 금지의 말을 듣게 되면 가장 먼저 어떤 생각이 들까? 사람마다 다르고 상황에 따라서도 다를 것이다. "네, 알겠습니다"라는 감사 반응도 있겠지만 "왜요?" "글쎄요" "먹으면 안 되나요?" 등 불만을 품거나 의문을 갖는 반응도 있을 것이다.

그렇다면 아담과 하와는 어떻게 반응했을까? '선악과가 도대체 무엇이고, 얼마나 중요한지 모르지만 일단 주신 것만 해도 엄청나서 충분해!'라는 생각을 했는지 모른다. 아니면 '에덴동산의 모든 것을 주셨는데 왜 하필이면 동산 가운데 있는 그 선악과만 못 먹게 하셨을까? 이왕 주시는 김에 다 주시지 쫀쫀하게… 암튼 좀 아쉽네' '잠깐! 진짜 좋은 것은 그 선악과가 아닐까? 하나님이 다른 것은 다 주겠다고 인심 팍팍 쓰시고 정작 중요하고 진짜 맛있는 것은 못 먹게 하시려고 하는 건지도 모르지. 그렇다면 뭔가 섭섭한데'라고 생각했는지도 모른다.

감사와 아쉬움

당연한 의문에서 시작된 마음이 의심적은 마음으로 이어지면 섭섭함과 불평 섞인 마음까지 따라온다. 이 마음의 흐름

속에서 감사와 연결되는 결정적 키워드는 '아쉽다'일 것이다. 아쉽다는 반응은 누구나 보일 수 있기 때문에 별일 없어 보이지만 영적으로는 대단히 위험한 마음이다. 왜냐하면 아쉽다는 생각이 마음속에 조금이라도 남아 있으면 모든 것이 주어졌다는 첫 번째 감사를 잃어버리게 만들기 때문이다.

우리 삶의 대부분은 이런 모습이다. 이미 받은 많은 것에 대한 감사를 잃어버리고 살아간다. 우리는 "모든 것이 은혜로 주어졌습니다"라는 감사 고백을 하며 살다가도 아쉽다고 느끼는 순간을 수없이 접한다. 바로 그때 "지금 모든 것이 충분합니다"라는 감사 고백이 필요하다. 하나님이 선악과를 만드신 의도가 여기에 있다.

우리가 쉽게 경험하는 아쉬운 마음의 순간을 떠올려 보자. 산타페 최신형 전자동 모델을 구입했는데 선루프가 없어 아쉽다. 첫째 딸이 바라던 대학에 입학했는데 장학금을 못 받은 게 아쉽다. 아들이 어렵게 취직했는데 대기업이 아니라 아쉽다. 대기업에 취직했는데 일하고 싶은 부서가 아니라 다른 부서에 배치 받아서 아쉽다. 마음에 드는 근사한 옷을 샀는데 명품이 아니라 아쉽다. 새로 산 옷은 훌륭한데 핸드백이 안 받쳐주어서 아쉽다. 예쁜 며느리를 얻었는데 집안이 좀 처지는 듯해서 아쉽다. 검사 사위라 마음에 들긴 하는데 학벌이 좀 떨어져 아쉽다…. 이런 순간을 열거하자면 한도 없고 끝도 없다.

　이처럼 우리는 아쉬운 마음을 삶의 매 순간마다 느끼며 살아간다. 별일 아니고 자연스러운 반응에 따른 마음의 표현일 수 있다. 하지만 그 마음의 표현이 우리 인생 전체를 아쉬운 인생으로 만들어간다는 사실을 명심해야 한다. 좀 더 정확하게 말하자면 그 아쉽다는 말이 불평과 불만, 욕심으로 치닫는 인생을 살게 한다. 무엇보다도 아쉽다는 마음이 불평과 욕심으로 치닫기 시작하면 첫 번째 감사 고백을 잃어버리도록 만들어 치명적이다. 우리 인생의 모든 것이 주어진 것이기에 감사하다는 고백 가운데 삶을 누리고 즐기며 살아가는 축복을 잃어버리고 마는 것이다.

　우리는 명심해야 한다. '아쉽다'는 느낌에 대해 영적으로 민감해야 한다. 아쉬움을 느낄 때마다 "모든 것이 충분합니다"라는 감사 고백으로 마음속의 아쉬움을 달래야 한다. 이 고백은 불평과 욕심을 막아줄 뿐 아니라 "모든 것이 거저 주어졌습니다"라는 감사 고백의 마음과 누림의 삶도 지켜준다. 감사 고백은 창조 상태와 창조 능력으로 살아갈 수 있도록 해준다. 원망과 불평, 욕심에서 벗어나 주어진 것을 기쁨으로 누리는 축복의 삶을 살게 해준다.

하나님은 동산의 모든 것을 거저 주셨지만 "선악을 알게 하는 나무의 열매는 먹지 말라"는 금지 명령을 함께 주셨다. 선악과는 우리 눈으로 볼 수 있지만 접근할 수 없는 것이기 때문에 '아쉬움'을 상징한다. 그래서 선악과를 따 먹는 것은 아쉬움을 채우려는, 욕심을 채우기 위한 행동을 뜻한다. 선악과를 보고 아쉬움을 느끼고 그 아쉬움을 채우려는 행동으로 옮길 때 "모든 것이 주어졌다"는 사실에 대한 감사를 잃어버리고 욕심을 좇아 사는 인생이 되고 만다.

실제 우리의 삶이 그렇다. 주어진 것들에 감사하지 못하고 불평과 욕심으로 이어지는 인생을 살아간다. 그때 잘못된 인생의 모습을 해결해 주는 신앙고백이 바로 "감사합니다. 모든 것이 충분합니다"라는 고백이다. 인생을 살면서 아쉬운 마음이 드는 순간마다 선악과를 생각하면서 역설적으로 "모든 것이 충분합니다"라는 감사 고백을 하며 살아가야 한다.

하와는 선악과를 보면서 "먹음직도 하고 보암직도 하고 지혜롭게 할 만큼 탐스럽기도 한" 것으로 여겼다. 우리의 인생 주변을 살펴보면 선악과가 많다. 아쉬움을 느끼게 만드는 것이 많다. 아쉬움을 달래줄 수 있다고 여겨지는 것이 수없이 많다.

그러나 그것을 취하는 순간 감사의 삶을 잃어버리고 욕심으로 치닫는 인생을 살게 된다. 이왕이면 고시 패스한 사위면 좋겠는데, 준재벌집 미모의 며느리 정도가 되어야 할 텐데, 빚을 내서라도 고급 외제차를 타야 사회적 체면을 지킬 수 있을 텐데, 우리 아이를 명문대학에 입학시키려면 고액과외라도 시켜야 할 텐데 등 아쉬운 마음이 드는 순간들 말이다. 만약 이런 아쉬움과 기대가 마음속에 있다면 "아닙니다. 지금 충분합니다. 부족함이 없습니다"라고 고백해 보라. 그 순간 인생이 충만해질 것이다.

"충분합니다"의 고백은 첫 번째 감사 고백의 삶으로 돌아갈 수 있게 해준다. "이미 동산의 모든 실과를 먹으며 누리고 있습니다. 모든 것이 주어졌습니다"라고 고백하면서 감사의 삶을 누리며 살 수 있도록 보장해 준다. 하나님이 선악과를 만드신 목적 가운데 하나가 이것이다. 인생의 선악과를 볼 때마다, 그래서 아쉬움을 느낄 때마다 충분하다고 고백함으로써 온전한 감사의 삶을 살도록 하신 것이다. 우리 모두 인생을 살면서 아쉬운 것이나 못하는 것이 있을 때마다 "감사합니다! 충분합니다"라고 고백함으로써 은혜가 충만한 삶을 살기를 소원한다.

불뱀 사건 속에 담긴 선악과 교훈

민수기 21장에는 이스라엘 백성들이 광야를 지나면서 먹을 것이 없어 불평할 때 불뱀을 통해 징계를 받고, 불뱀을 통해 구원을 얻는 사건이 등장한다. 이 사건에서도 선악과와 감사의 교훈이 동일하게 발견된다. 민수기 21장 말씀을 살펴보자.

> 백성이 호르 산에서 출발하여 홍해 길을 따라 에돔 땅을 우회하려 하였다가 길로 말미암아 백성의 마음이 상하니라 백성이 하나님과 모세를 향하여 원망하되 어찌하여 우리를 애굽에서 인도해 내어 이 광야에서 죽게 하는가 이곳에는 먹을 것도 없고 물도 없도다 우리 마음이 이 하찮은 음식을 싫어하노라 하매 여호와께서 불뱀들을 백성 중에 보내어 백성을 물게 하시므로 이스라엘 백성 중에 죽은 자가 많은지라 백성이 모세에게 이르러 말하되 우리가 여호와와 당신을 향하여 원망함으로 범죄하였사오니 여호와께 기도하여 이 뱀들을 우리에게서 떠나게 하소서 모세가 백성을 위하여 기도하매 여호와께서 모세에게 이르시되 불뱀을 만들어 장대 위에 매달아라 물린 자마다 그것을 보면 살리라 모세가 놋뱀을 만들어 장대 위에 다니 뱀에게 물린 자가 놋뱀을 쳐다본즉 모두 살더라

민 21:4-9

이스라엘 백성들은 광야에서 먹을 것이 없다고 불평과 원망을 쏟아냈다. 그때 하나님은 불뱀을 통해 불평하는 이스라엘 백성을 징계하신다. 그런데 모세의 기도를 통해 불뱀을 장대에 달아놓고 불뱀에 물린 자들에게 바라보게 하여 다시 살게 하셨던 것이다. 이 불뱀의 역설적인 면은 선악과의 교훈을 상징한다. 생명을 죽이기도 하고 살리기도 하는 것이다.

이스라엘 백성들은 하나님을 향한 원망과 불평을 쏟아냄으로써 결국 불뱀을 통해 죽임을 당했다. 이는 아담과 하와가 보암직도 하고 먹음직도 하고 탐스럽기도 하지만 먹지 못하는 아쉬운 마음이 들어 선악과를 따 먹음으로써 하나님의 명령에 따라 에덴동산에서 쫓겨나고 만 것과 같다. 광야에서 먹을 것 없어 불평한 이스라엘 백성들의 모습은 선악과를 보고 먹지 못해 아쉬워하면서 불평하고 의심하며 욕심으로 치닫는 모습과 다르지 않다.

그런데 다른 한편으로 장대에 매달린 불뱀을 쳐다본 자들은 살았다. 이 점이 바로 선악과에 숨겨진 감사 신앙의 교훈을 보여준다. 장대에 달린 불뱀을 보면 살아났다는 사실은 실로 역설적이다. 자신들을 물어 죽게 만든 불뱀을 만들어 그것을 장대 위에 매달아 바라보라고 했던 것이다. 선악과를 역설적으로 바라보아야 한다는 교훈이 여기에 담겨 있다. 선악과를 보면서 아쉬움을 느낄 때 "감사합니다. 지금 저의 인생은 모든 것이 충분합니다"라는 고백으로 아쉬운 마음을 떨쳐버리라는 메시지다. 먹지 못해 아쉽고 이런 이유로 원망과 불평으로 이어지는 것이 아니라 아쉬움을 느끼는 순간에 이미 다른 모든 것이 충분하게 주어졌기에 감사하다는 고백이 우리를 살리는 것이다.

선악과는 우리의 아쉬운 마음을 다스리는 예방주사다. 병균을 길러 주입해 몸이 그 병균과 싸워 이길 수 있는 면역력을 만드는 것이 예방주사다. 아쉬움을 느낄 때 그 아쉬운 마음을 욕심으로 채워 달랠 것이 아니라 마음의 주파수를 "충분합니다. 그래서 감사합니다"라는 고백에 맞추자는 것이다.

우리 인생에 많은 선악과가 있다. 이 세상을 살면서 세상 것에 대해 아쉬운 것이 많다. 그 아쉬운 마음을 붙들고 끌탕을 하거나 씨름하고 갈등해선 안 된다. 육신의 정욕과 안목의 정욕, 이생의 자랑으로 넘어가기 때문이다. 우리 인생에는 못하는 것, 안 되는 것, 부족한 것, 양에 안 차는 것이 많다. 이는 우리의 외모나 직업, 재산, 건강, 사람, 사랑 등 삶의 모든 영역에서 느끼는 마음이다.

우리는 성형수술이 잘못되어 얼굴을 망친 해바라기 아줌마의 이야기를 알고 있다. 좀더 예뻐지고 싶은 마음이 잘못일까? 잘못이라고 단언할 수는 없다. 하지만 그 아쉬운 마음을 달래기 위해 취하는 우리의 선택이 욕심으로 이어지면서 자신에게 이미 주어진 많은 것에 대한 감사를 놓치는 것이 문제다.

선악과를 볼 때마다 못 먹고, 못 갖고, 못 즐기는 것에 대한 아쉬운 마음이 들면 역으로 "충분합니다. 만족합니다"라는 감사 고백으로 살아가야 한다. 이는 하나님의 명령이다. 동시에 우리를 사랑하시는 하나님의 축복이다.

지금 자신의 마음에 손을 얹고 자신이 삶에서 느끼고 있는 부족함에 대해 묵상하라. 그리고 "하나님, 부족함의 마음을 느끼지만 감사합니다. 지금 저에게 주어진 모든 것이 넉넉합니다"라고 고백하라! 아쉬움이 아니라 이미 주어진 것, 이미 갖고 있는 것에 초점을 맞추라. 그것으로 충분하다는 고백을 의지적으로 표현하라. 그럼에도 여전히 아쉬운 마음이 드는가? 그렇다면 또다시 고백하라! 의지적으로 고백하라. "범사에 감사하라"는 말씀을 아쉬운 마음이 들 때마다 붙잡길 바란다.

아쉬운 마음을 다스리는 감사 기도

우리 삶에서 아쉬움을 느끼는 순간마다 "충분합니다"라는 감사 고백을 하며 살아가는 것이 신앙의 능력이다. 하지만 마음속에 또 다른 아쉬움이 하나 남는다. 영적 아쉬움이라고나 할까? 우리는 하나님께 이런 질문을 던지고 싶을 것이다. "그 아쉬운 것을 하나님께 달라고 더 구할 수도 있는 것 아닌가요?" 우리는 아쉬운 마음을 그냥 포기해야만 하는 것일까? 오히려 아쉬움을 해결해 달라고 하는 것이 하나님 앞에서 더 적극적이고 바람직한 신앙의 자세가 아닐까?

그렇다! 구할 수 있다. 아쉬운 것이 있으면 하나님께 간구하라. 그러나 구할 때 명심해야 할 중요한 기도의 영적 비밀이 있다. 감사와 관련된 비밀이다. 다음 말씀이 그 정답을 제시한다.

> 아무것도 염려하지 말고 다만 모든 일에 기도와 간구로, 너희 구할 것을 감사함으로 하나님께 아뢰라 그리하면 모든 지각에 뛰어난 하나님의 평강이 그리스도 예수 안에서 너희 마음과 생각을 지키시리라 **빌 4:6-7**

아쉬움을 느낄 때마다 기도하라! 부족하다고 생각될 때 구하라! 기도하고 구하는 것은 문제가 아니다. 그런데 기도할 때의 마음이 중요하다. 성경은 "너희 구할 것을 감사함으로 하나님께 아뢰라"(6절)고 말씀하신다. 이 말씀에는 아쉬움을 해결함과 동시에 그 아쉬움을 감사로 다스리는 놀라운 영적 비밀이 숨어 있다. 기도할 때 아쉬움과 불평, 불만, 욕심을 갖고 기도하지 말라는 것이다. 아쉬운 것에 대해 감사한 마음을 가지고 기도하라는 말이다. 사실 기도할 때 이 부분에 대한 우리의 마음을 세밀하게 살피지 않는다. 그래서는 안 된다. 기도할 때 우리의 기도하는 마음 자세를 민감하게 살피고 기도해야 한다.

비록 더 달라고 기도하지만 기도를 시작할 때 이미 충분하다는 감사의 마음으로 기도해야 한다. 하나님이 아쉬운 것을 들어주시지 않아도 된다는 마음으로 말이다. 다윗처럼 "여호와는 나의 목자시니 내게 부족함이 없으리로다"(시 23:1)라는 마음으로 기도해야 한다. "갖고 싶고 필요해서 구하지만 안 주신다고 해도 괜찮습니다. 왜냐하면 이미 충분하기 때문입니다."

그다음에 나오는 말씀이 그 이유를 정확히 말해 준다. "그리하면 모든 지각에 뛰어난 하나님의 평강이 그리스도 예수 안에서 너희 마음과 생각을 지키시리라"(7절). 이 말씀은 6절에서 필요한 것을 구하라는 권면의 말씀 다음에 나오는 약속의 말씀이다.

우리 기도에 대한 하나님의 약속은 우리의 마음과 생각을 지켜주신다는 것이다. 기도를 통해 구하는 내용을 응답해주신다는 약속이 아니다. 마음과 생각을 지켜주신다고 약속하신다. 그냥 쉽게 생각하면 하나님의 약속에 대해 실망스러울 수 있다. 기도한 내용을 응답해 주시면 간단할 텐데, 왜 구하는 것을 응답해 주신다는 약속을 하지 않고 우리 마음의 평안을 약속하시는 걸까?

하나님 응답의 결과가 구하는 것을 얻게 되는 것이 아니라 마음의 만족인 이유가 있다. 인간은 우주 만물을 다 가져도 만족하지 못한다. 우리의 만족은 마음으로부터 온다. "초막이나 궁궐이나 내 주 예수 모신 곳이 그 어디나 하늘나라"인 것이다. 마음뿐 아니라 생각도 지켜주신다고 했다. 구했던 내용이 응답되지 않아도 이해되고 납득되게 해주신다는 것이다. 세상을 그렇게 바라보고 인정하고 그렇게 응답하신 하나님도 그대로 수용하고 존경해야 한다는 것이다.

인생은 마음먹기에 달렸다고 한다. 기도할 때도 마음의 자세가 중요하다. 잠언의 말씀처럼 마음은 우리 생명과 동일하다. 결국 마음의 만족이 중요하다. 그 마음이 우리 마음대로 안된다는 것이 우리의 실제 모습이다. 그런데 하나님이 그 마음을 지켜주겠다고 약속하신다. 마음의 만족이 가장 위대한 축복이고 은총이다. 성경은 우리가 그 은총을 받아 누리기 위해 어떻게 기도해야 하는지를 알려준다.

"너희 구할 것을 감사함으로 하나님께 아뢰라!"

감사 없는 기도

감사의 마음 없이 기도하면 어떻게 될까? 기도 응답이 안되면 당연히 아쉬운 마음이 든다. 그 아쉬움은 불평이나 실망, 좌절로 이어지기가 쉽다. 마음의 습관이기 때문이다. 응답이 될 때는 어떨까? 응답의 순간에 만족과 감사의 마음도 있겠지만 다시 바라고 더 달라는 욕심으로 이어지기가 쉽다. "이번에는 저것도 주세요. 이왕이면 삼십 배 육십 배 백 배로 주세요." 이런 삶이 과연 하나님의 진정한 축복을 누리며 사는 삶일까?

다시 한 번 반복한다. 기도할 때 먼저 "충분합니다. 부족함이 없습니다"라는 감사의 마음으로 기도를 시작하라. 그것이 은혜 충만한 신앙생활의 비결이다. 응답이 안 되어도 아쉬움이나 불평, 실망으로 남지 않는다. 응답되어도 그것이 세상의 욕심으로 치우치지 않는다. 바로 이것이 감사함으로 기도하는 비결이다.

앞서 감사함으로 기도하라는 말씀을 선악과에 담긴 아쉬움의 교훈과 연결할 때 부족함이 없다는 감사 고백의 삶을 살아갈 수 있다.

욕심에 빠지지 않는 믿음

욕심의 기도는 욕심의 인생을 만든다. 기도 응답이 이루어져 자신의 욕심을 잠깐 만족시킬 수는 있다. 하지만 인간의 욕심은 절대로 채워지지 않는다. 프랑스 철학자 파스칼은 우주를 다 주어도 인간의 마음은 채울 수 없다고 했다. 결국 욕심을 채워 가는 인생은 늘 부족한 삶을 만들 수밖에 없다. 아쉬움은 불평으로 연결되고, 결국에는 욕심으로 가기 때문이다. 불평의 반대는 감사다. 기도에 그 감사가 있어야 한다. 기도에 감사함이 없으면 감사 없는 응답이 된다. 마음의 만족이 없는 응답인 것이다.

정채봉 작가의 글에 이 아쉬움을 제대로 달래지 못한 결과가 어떤지를 보여주는 예화가 있어 소개한다.

옛날에 임금님의 머리를 깎는 이발사가 있었습니다. 그는 자기 직업에 만족했습니다. 비록 남들이 부러워하는 직업은 아니었지만 임금님의 머리를 깎는다는 자부심이 있었습니다. 수입도 생활하는 데 부족하지 않았습니다. 그는 행복한 가정을 꾸려 나가며, 작은 일에도 기뻐하고 감사할 줄 아는 사람이었습니다.

어느 날 임금님의 머리를 깎고 집으로 돌아가는데 길가 나무에 붙어 있던 유령을 보게 되었습니다. 그 유령은 "내게 일곱 단지의 황금이 있는데 갖고 싶지 않느냐?"라며 말을 걸었습니다. 이발사는 황금이라는 소리에 순간적으로 귀가 솔깃했습니다. 그는 자신도 모르게 사방을 두리번거리고 나서 "주시기만 한다면야 두말할 나위가 있겠습니까!"라고 대답했습니다. 그러자 유령은 "지금 당장 집에 가서 창고를 열어 봐라! 틀림없이 황금이 있을 것이다"라고 말했습니다. 이 말을 듣고 이발사는 신이 나서 집으로 달려갔고, 집에 도착하자마자 창고 문부터 열어 보았습니다.

그런데 이게 웬 떡입니까! 눈이 부신 황금 단지가 일곱 개나 있었습니다. 하나씩 열어 보았더니 황금이 입구까지 가득 차 있었습니다. 다만 여섯 단지는 입구까지 꽉 차 있는데, 일곱 번째 단지가 절반만 차 있었습니다.

이발사는 창고 문을 꼭 닫아걸고 이왕이면 일곱 번째 단지의 절반도 꽉 채워야 하겠다고 생각했습니다. 그러고는 집에 있는 귀중한 물건을 내다 팔아 황금으로 바꾸어 단지에 넣었지만 그 단지는 여전히 절반밖에 채워지지 않았습니다. 그러자 이발사는 작정하고는 허리띠를 졸라맸습니다. 먹는 것과 쓰는 것을 줄이면서까지 황금을 모았습니다. 구두쇠 소리를 들어도 아랑곳하지 않았습니다. 이렇게 해서 황금을 모았지만 단지는 절반 이상 채워지지 않았습니다. 임금님께 월급을 올려 달라고 했습니다. 월급이 두 배로 올랐습니다. 있는 힘을 다해 일곱 번째 단지를 채워 보았지만 역시 마찬가지였습니다. 나중에는 길거리로 동냥을 나서기까지 했습니다. 그러나 그 단지는 그대로였습니다.

임금님의 눈에 몸이 점점 여위어 가고 얼굴에 기쁨을 잃어버린 궁상맞은 이발사의 모습이 들어왔습니다. 이에 임금님은 "너는 요즘 얼굴이 왜 그 모양이냐? 옛날에는 조그만 것에도 감사하고 기쁘게 살더니 요즘은 마치 걸신들린 사람 같구나! 너 혹시 일곱 황금 단지를 발견한 것 아니냐?"라고 물었습니다. 이발사는 깜짝 놀라며 "아니! 임금님, 어떻게 아셨습니까?"라고 말했습니다. 그러자 임금님은 껄껄 웃으면서 "나도 예전에 그 황금 단지의 유혹을 받은 적이 있단다. 그때 나는 유령에게 내가 그 황금을 다 써버리든지, 아니면 있는 그대로만 저장할 수 있게 해달라고 말했지. 그랬더니 그 유령은 아무 말도 하지 않고 사라져 버렸단다"라고 말했습니다.

민수기 11장에 나오는 만나와 메추라기 이야기는 부족함과 모자람에 원망과 불평과 욕심으로 반응하는 이스라엘 백성들의 모습을 통해 교훈을 준다. 여기에는 하나님이 굶주린 이스라엘 백성에게 메추라기를 내려주시는 은총의 사건이 기록되어 있다. 그런데 그 은총의 이야기는 다베라 광야에 다다른 이스라엘 백성들의 불평과 원망에서 시작된다. "여호와께서 들으시기에 백성이 악한 말로 원망하매"(1절). 원망으로 시작하는 이스라엘 백성들의 간구를 들어 보자. "이스라엘 자손도 다시 울며 이르되 누가 우리에게 고기를 주어 먹게 하랴"(4절). 여기서 고기는 먹는 음식이지만 이 세상을 향한 채워지지 않는 욕심을 상징한다.

이스라엘 백성들의 원망 섞인 간구를 들은 모세는 하나님께 탄식의 기도를 드린다. "어찌하여 주께서 종을 괴롭게 하시나이까 어찌하여 내게 주의 목전에서 은혜를 입게 아니하시고 이 모든 백성을 내게 맡기사 내가 그 짐을 지게 하시나이까"(11절). 그러자 하나님은 메추라기를 주시겠다고 약속한 뒤 내려주셨다.

그런데 메추라기를 본 이스라엘 백성들은 어떻게 했는가? 욕심을 부려 메추라기를 모았다. 자기들이 먹을 양 이상으로 모은 것이다. 욕심이다. 이스라엘 백성은 응답이 되었음에도 욕심을 부렸다. 가만히 보면 우리 믿음의 삶도 그렇다. "백성이 일어나 그날 종일 종야와 그 이튿날 종일토록 메추라기를 모으니 적게 모은 자도 열 호멜이라 그들이 자기들을 위하여 진영 사면에 펴 두었더라"(32절).

하나님은 욕심의 백성들을 징계하신다. "그곳 이름을 기브롯 핫다아와라 불렀으니 욕심을 낸 백성을 거기 장사함이었더라"(34절). 여기서 기브롯 핫다아와는 '탐욕의 무덤'이라는 뜻이다. 하나님이 이스라엘 백성들의 간구를 들어주셨지만 그들은 원망의 마음으로 간구했다는 사실에 주목하라. 감사의 마음 없이 원망과 불평으로 시작한 간구는 하나님의 응답을 받았지만 욕심으로 이어질 수밖에 없음을 보여준다.

욕심으로 나타난 행동의 결과는 하나님의 징계였다. 성경은 욕심이 죄를 낳고 그 죄가 커지면 사망에 이른다고 경고한다. 여기서 기도가 응답되었다는 것이 결코 전부가 아니라는 사실에 전율하게 된다. 기도 응답이 있었다고 해도 두려운 마음을 가져야 한다.

기도할 때 우리는 자신의 마음을 예민하게 살펴야 한다. 기도할 때 아쉬움이나 원망, 불평, 욕심의 마음을 가져선 안 된다. 감사함으로 하나님께 아뢰어야 한다. "없어서 불편합니다. 힘이 듭니다. 빨리 응답해 주세요"라는 마음으로 기도할 것이 아니라 "지금 충분합니다. 부족함이 없습니다"라는 마음으로 기도해야 한다.

감사와 삶의 능력, 욕심을 다스리는 감사 기도

"너희 마음과 생각을 지키시리라"(빌 4:7)는 말씀에 나타난 하나님의 약속을 다시 한 번 묵상해 보자. 감사한 마음으로 기도하면 기도의 결과가 어떠하든지 간에 평강의 삶을 살게 하신다. 응답이 되지 않아도 불평이나 원망의 마음이 들지 않는다. 부족함이 없다는 최상의 마음으로 살아갈 수 있다. 또한 응답이 되어도 세상적인 욕심에 빠지지 않는다. 세상의 유혹에 대해 마음이 출렁이지 않는다. 하나님이 우리의 마음과 생각을 지켜주시기 때문이다.

이것이 바로 능력의 삶이다. 다음 말씀은 감사함으로 기도하는 삶의 모습을 말해 준다. "내게 능력 주시는 자 안에서 내가 모든 것을 할 수 있느니라"(빌 4:13). 감사의 마음으로 기도하는 삶의 응답이 주는 최종 결과는 능력의 삶이다. 더 놀라운 사실은 바로 12절에 나오는 고백이다.

"나는 비천에 처할 줄도 알고 풍부에 처할 줄도 알아 모든 일 곧 배부름과 배고픔과 풍부와 궁핍에도 처할 줄 아는 일체의 비결을 배웠노라."

인생의 필요가 많거나 적거나 그 필요에 대해 기도의 응답이 되거나 안 되거나 삶의 조건에 영향을 받지 않는다는 고백이다. 삶에 통달한 사람의 모습이다. 환경에 구애받는 것이 아니라 환경을 지배하고 통제하며 살아가는 삶인 것이다.

기도할 때 먼저 감사의 기도를 드려야 한다. 감사의 마음을 고백해야 한다. 삶의 구석구석을 살필 때 필요와 아쉬움이 느껴지는 부분이 분명 있을 것이다. 그럼에도 지금 자신이 누리고 있는 것이 얼마나 충분한지를 느끼며 진심으로 고백하라. 상투적인 감사 표현은 힘이 없다. "나는 충분합니다. 부족함이 없습니다. 감사합니다." 이 말을 진심으로 온 마음을 다해 반복해 고백하라. 바울처럼 "내게 능력 주시는 자 안에서 내가 모든 것을 할 수 있느니라"는 담대한 고백으로 살아갈 것을 굳게 믿어야 한다.

정채봉 작가의 글을 하나 더 소개한다.

옛날에 늘 자기는 불행하다고 생각하며 사는 '늘 불행이'라는 사람이 있었습니다. 자신은 부모 복도 없어서 유산도 못 받았다고 생각했습니다. 여자 복도 없어서 처가 덕을 못 보고 산다고 불평하며 살았습니다. 직장 복도 없어서 진급을 못 한다고 생각했습니다. 돈 복도 그리고 자식 복도 없다고 생각하며 살았습니다.

그러던 어느 날 그가 이웃집에 늘 웃고 사는 '행복이'라는 사람을 찾아갔습니다. 그 집에 가 보니 행복이에게는 늙고 배우지 못한 부모님이 있었습니다. 아내도 미인이 아니었고 아주 평범한 월급쟁이였습니다. 집은 자기보다 더 작은 집에 살고 있었습니다. 늘 불행이가 행복이에게 물었습니다. "도대체 행복할 만한 이유가 하나도 없는데 뭐가 그리 즐거운가요?"

행복이가 늘 불행이의 손을 잡고는 길 건너편에 있는 병원으로 갔습니다. 수술실 앞에서 초조해하는 사람들이 있었습니다. 병실 침대에 누워 앓고 있는 사람들, 자동차 사고로 의식불명이 되어 들어온 사람들, 온갖 링거 주사 바늘을 꽂고 있는 환자들, 휠체어를 타고 다니는 사람들, 영안실에서 새어 나오는 울음소리를 보고 듣게 되었습니다.

병원을 나오면서 행복이가 이렇게 말합니다. "보십시오. 우리는 저들에게 없는 건강이 있으니 행복하지 않은가요? 날 걱정해 주는 사랑하는 아내와 귀여운 자녀들이 있고, 작지만 머리 둘 만한 내 집이 있으니 행복하지 않은가요?" 늘 불행이는 고개를 숙인 채 가만히 듣고 있습니다.

행복이는 이렇게 말을 이어갔습니다. "나는 불평스러운 마음이 일 때마다 숨을 크게 쉬어 봅니다. 공기가 없다면 죽게 되겠지요. 그런데 공기가 있잖아요. 마찬가지로 없는 것보다 있는 것을 생각하면 마음에 평화가 찾아옵니다. 죽어서 내 묘가 크고 화려하다는 것을 자랑하는 것보다 살아서 꽃 한 송이를 소중히 그리고 아름답게 여기는 것이 행복의 비결입니다."

얼마가 있든지 간에 있는 것을 즐기면 행복하고 없는 것을 찾으면 불행하다. 선악과를 보면서 자신에게 주어진 것이 충분하다는 감사 고백을 할 때 삶의 만족이 생긴다. 그 만족은 흐르는 물과 같아서 감사의 삶을 이어갈 때만 흐른다. 감사가 끊어지면 만족의 강도 메말라 버린다. 선악과의 교훈을 기억하면서 지금도 충분한 인생에 감사하자.

유혹을 해결하는 감사

"철저히 따르겠습니다"

　　뱀의 유혹에 넘어가 하나님 말씀을 의심하고 왜곡하는 상황에서 고백하는 감사는 세상의 어지러운 상황에 흔들리거나 혼란에 빠지지 않고 하나님 말씀을 그대로 붙드는 힘과 용기를 공급해 준다. 이 감사 고백이 필요한 상황을 파악하고, 감사 고백 실천의 실제 능력을 경험하기 위해 유혹 과정을 자세히 살펴보자.

유혹과 의심의 탄생, 이성의 발현

"아빠, 이 선물 아빠가 갖다놓은 거지!"

이제 막 초등학교에 들어간 아들이 성탄 선물을 받고 신이 나서 그 선물이 산타가 아니라 아빠가 사준 것이라는 걸 눈치채고 한 말이다. 유치원을 다닐 때만 해도 산타 할아버지의 존재를 철석같이 믿었다. 성탄절 때마다 성탄 트리에 양말을 걸어놓고 바라던 선물을 학수고대하며 성탄절에 새벽같이 일어나 선물을 챙기더니 이제는 눈치가 빠르다. 밤새 굴뚝을 통해 들어와서 선물을 두고 간 산타 할아버지의 실체가 아빠라는 사실을 감지하기 시작한 것이다.

아이들은 초등학교에 들어갈 나이가 되면 산타 할아버지의 존재를 의심하기 시작한다. 더는 동화적 상상에 머물러 있지 않는다. 아이들은 성장해 가면서 하나님께 기대하는 수많은 소원을 이성적이고 객관적으로 생각하기 시작한다. 지적 성장은 순진함을 앗아가고 대신 의심을 키워준다.

산타 할아버지의 존재를 믿는 순진함이 우리 어른의 믿음 안에도 분명히 존재한다. 존재해야만 한다. 그러나 시간이 지나 성장해 갈수록 순진함만으로는 성숙한 믿음에 이르지 못한다. 의심할 줄 아는 이성의 능력이 따라오게 되는데, 이 능력은 건강하고 정당한 것이다. 그러나 그 이성은 이면을 갖고 있다.

왜곡을 뿌리치는 힘

창세기 3장에서 시작되는 뱀의 유혹 사건은 인간이 가진 이성 능력의 발현을 상징한다. 인간에게는 외부의 유혹만이 문제가 아니라 유혹을 받아들이는 마음도 문제다. 유혹의 핵심은 이성이 하나님 또는 하나님 말씀을 의심하기 시작한다는 것이다. 의심의 시작은 한편으로 성장을 의미한다. 의심을 통해 성숙으로 나아가기 때문이다. 하지만 의심은 우리가 하나님 말씀을 왜곡하고, 하나님을 거역하게 만들 수도 있다.

의심의 싹이 트고 말씀을 부분적으로 왜곡하려고 할 때 하나님 말씀을 온전히 붙잡고 순종해야 한다. 하나님 말씀에 토를 달고 해석을 붙이는 것은 불순종하기 위한 빌미를 제공할 뿐이다. 하나님 말씀을 거부하고 유혹의 내용을 받아들이기 위한 정당성을 확보하기 위해서 말이다. 이때 영적으로 바짝 정신을 차려야 한다. 길은 하나다. 하나님 말씀을 일점일획도 바꾸지 않고 받아들이는 것이다.

그 결정적 순간에 정신을 차리게 하는 무기가 감사 고백이다. 의심과 유혹에 빠져 말씀을 왜곡하는 것이 아니라 말씀을 온전히 순종해야 함을 깨닫고 선언하는 한 마디가 감사다.

"하나님, 말씀이 생각나게 해주셔서 감사합니다. 유혹과 의심 앞에서 마음이 흔들리지 않고 이미 주신 하나님 말씀을 꼭 붙들게 해주옵소서."

이제 뱀의 유혹과 하나님 말씀에 대한 의심을 통해 하와가 어떻게 결정적으로 하나님 말씀을 부인하고 선악과를 따 먹게 되었는지 자세히 살펴보자.

뱀의 유혹, 의심과 부분 왜곡, 부인

하와를 유혹한 뱀은 인간의 이성이 가진 의심의 씨앗을 상징한다. 외부로부터의 유혹은 하나님 말씀에 의혹을 품도록 만든다. 그 의혹은 온전한 진리인 하나님 말씀을 부분 왜곡함으로써 의심을 만들어낸다. 이 부분 왜곡은 시작 단계로 마지막 순간에 가서는 완전 왜곡, 즉 부정(denial)으로 귀결된다.

뱀의 유혹에 대해 살펴보자. "하나님이 참으로 너희에게 동산 모든 나무의 열매를 먹지 말라 하시더냐"(1절)라고 묻는다. 뱀은 하나님이 먹지 못하도록 금지한 것이 선악과가 아니라 동산 모든 나무의 열매인 것처럼 슬쩍 바꾸어 물었다. '부분 왜곡' 인 것이다. 하나님은 선악과만 먹지 말라는 금지 명령을 내리셨다. 그런데 뱀은 하나님 말씀의 일부를 바꾼 질문을 통해 마치 전체를 먹지 못하게 한 것으로 왜곡한다. 이는 콩을 아예 팥이라고 왜곡하는 것이 아니라 잘 익은 콩을 날콩 정도로 슬쩍 바꾸는 식이다.

뱀의 부분 왜곡은 하와에게 뱀의 문제 제기를 일단 타당한 것으로 받아들이게 만든다. 이것이 의심이다. 타당하다고 여겨지는 마음의 시작이다. 의심은 일단 부분적으로 수용되면 스스로 정당성을 갖기 시작한다. 이는 하와의 대답에서 알 수 있다. 먹지 말라는 하나님의 명령을 먹지도 말고 만지지도 말라는 과장된 말로 반응한다. 이 역시 부분 왜곡이다. 부분 왜곡은 부분 왜곡을 낳는다. 부분 왜곡을 통해 성립된 의심의 정당성은 하나님의 선악과 금지 명령에 대한 불만의 토대를 제공한다. "먹지도 말고 만지지도 말라 너희가 죽을까 하노라"(창 3:3)고 과장하며 왜곡하는 하와의 말에 그 불만이 스며 있다.

불만은 항상 우리에게 하나님의 명령을 왜곡하도록 만들어 그 명령을 거절해도 되는 빌미를 제공한다. "너희가 죽을까 하노라 하셨느니라"는 응답이 그것이다. 먹으면 반드시 죽을 것이라고 하신 하나님의 명백한 말씀에 의심의 가능성을 슬쩍 얹어놓고 있다. 여기에도 부분 왜곡이 있다. "네가 먹는 날에는 반드시 죽으리라"(창 2:17)는 하나님의 경고를 전적으로 수용했을 때는 징계가 두려웠다. 불만이 싹트기 전까지는 먹을 엄두도 내지 못했다. 그런데 의심을 통한 불만은 스스로 정당성을 가지고 '혹시 먹어도 죽지 않을 수 있다면 먹어도 괜찮은 것 아닌가'라는 생각에 다다르게 만든다.

뱀의 간교함은 바로 여기에 있다. 부분 왜곡을 통해 하와의 마음속에 하나님 말씀을 부인할 수 있는 가능성을 심은 것이다. 이 가능성은 뱀이 하와의 마음속에 최후 걸림돌로 남아 있는 하나님 말씀을 대놓고 부인할 수 있는 결정적 토대가 된다. 뱀은 이 결정적 순간을 놓치지 않고 하와의 마음속에 남아 있는 최후 걸림돌에 정면으로 도전한다. "너희가 결코 죽지 아니하리라"(4절). 사탄의 전략이 성공하는 순간이다. 유혹은 이렇게 결론지어졌다. 하나님의 준엄한 말씀을 완전히 대적하여 부인하고 거역하는 것으로 말이다.

하나님의 선악과 금지 명령은 유혹을 통해 하나님 말씀에 대한 의심과 부분 왜곡으로 이어졌다. 그리고 하나님 말씀에 대한 완전한 부인으로 결론이 났다. 이것이 사탄의 전략이다. 마치 이런 식이다. 삼단논법의 오류를 지적하는 설명에 다음과 같은 것이 있다. "여자는 아이를 낳는다. 처녀는 여자다. 고로 처녀도 아이를 낳는다." 언뜻 보면 이 논리에 모순이 없는 것 같지만 결론이 엉뚱한 거짓이 되고 말았다. 그 이유는 "여자는 아이를 낳는다"는 첫 번째 전제에 숨겨진 부분 왜곡 때문이다. 여자라고 다 아이를 낳는 것은 아니다.

부분 왜곡을 받아들이게 하는 자극제, 욕심

우리는 믿음의 삶을 살아가면서 뱀의 유혹을 많이 받는다. 유혹의 대상을 소유하거나 즐기고 싶다는 유혹이다. 욕심이다. 한 마디로 유혹은 욕심이다. 이 욕심을 방해하는 것은 하나님 말씀이다. 그래서 하나님 말씀에 의심을 제기하고 거부하려는 유혹으로 발전한다. 처음에는 부분적으로 거부하다가 결국에는 하나님 말씀을 정면으로 부인하는 데까지 갈 수밖에 없다. 한 마디로 유혹, 의심, 부분 왜곡, 전면 부인으로 이끄는 핵심 기제는 욕심이다. 이 과정에서 중요한 것은 하나님 말씀의 부분 왜곡이다.

가인, 아브라함, 솔로몬, 야곱, 리브가 등 성경에서 죄를 지어 일어난 모든 사건은 부분 왜곡의 요소를 내포하고 있다. 아브라함이 아내를 누이라고 했는데, 누이가 아닌 것은 아니었다. 가인도 제사를 받지 않은 하나님께 화를 냈는데, 제사를 드리지 않은 것이 아니었다.

야곱이 사랑하는 라헬과 결혼하고자 할 때 삼촌 라반은 라헬의 언니 레아를 먼저 들여보냈다. 이에 대해 야곱이 불평하자 언니보다 아우를 먼저 주는 것은 자기 지방의 문화가 아니라는 말로 변명했다. 이 역시 부분 왜곡이다. 야곱은 라반과 품삯을 정할 때 아롱진 양과 점 있는 양을 자기 품삯으로 정했는데, 나중에 키우면서 자기 것이 새끼를 많이 낳도록 하는 전략은 숨겼다. 역시 부분 왜곡이다. 이처럼 성경은 온통 부분 왜곡된 이야기인데, 이것이 죄가 되고 비극을 낳았다.

부분 왜곡의 핵심 대상은 하나님 말씀이다. 왜냐하면 하나님 말씀이 욕심에 결정적 걸림돌이 되기 때문이다. 부분 왜곡은 금지 명령과 관련된 하나님 말씀이 대부분이다. 사탄은 교묘하게 하나님 말씀을 왜곡해 우리 마음에 접근한다. 예를 들어 술을 먹고 싶은 사람은 술 먹는 문제와 관련해 술에 취하지만 않으면 되는 것이 아니냐는 토를 단다. "내가 거룩하니 너희도 거룩할지어다"(레 11:45)라는 하나님의 명령에 대해서는 도대체 우리 인간이 어떻게 하나님처럼 거룩할 수 있느냐고 반문한다. 돈과 명예, 자리를 추구하는 것이 우상숭배라는 말씀에 대해서는 다른 종교의 신을 섬기는 것도 아닌데 뭐가 우상숭배냐고 따진다.

이처럼 부분 왜곡은 다분히 의도적이다. 욕심을 정당화하려는 가장된 명제일 뿐이다. 뱀은 하와를 유혹해 선악과를 따 먹도록 하는 목표를 가졌고, 하와는 하나님의 명령을 거스르고 선악과를 따 먹고자 하는 욕심을 품고 있었다. 뱀과 하와의 의도가 서로 맞아떨어져 부분 왜곡을 통해 뱀은 하나님 말씀을 정면으로 부인할 수 있는 길을 만들었고, 하와는 선악과를 먹는 데 걸림돌이 되는 하나님 말씀을 제거할 수 있었다.

여기서는 하나님 말씀을 정면으로 부인하는 것이 타락의 최종 단계였다는 사실이 중요하다. 뱀은 부분 왜곡의 전략으로 시작해 하나님 말씀을 전적으로 부인하는 데까지 이끈다. 따라서 마음속에서 이루어지는 타락의 일련 과정을 신중하게 살피고 결정적인 순간에 하나님 말씀을 붙들지 않으면 다 넘어질 수밖에 없다. 이때 모든 유혹과 의심, 왜곡을 단번에 물리치고 하나님 말씀을 전적으로 붙잡도록 하는 것이 감사다.

의심을 해결하는 지혜, 감사로 받아들이기

유혹과 의심, 부인, 불순종과 타락으로 이어진 창세기 비극의 핵심은 부분 왜곡이다. 이는 합리적 사고의 실체라고 알고 있는 인간 이성의 이면이다. 우리는 삶을 살아가면서 이 부분 왜곡의 유혹을 단호하게 잘라내야 한다. 여기에는 감사 고백이 필요하다. "하나님, 유혹 때문에 의심에 빠지고 있음을 깨닫게 해주셔서 감사합니다. 이 순간 하나님 말씀을 받아들여 철저히 순종함으로 의심을 물리치도록 도와주세요."

유혹의 상황에서 고백하는 감사는 우리를 유혹하거나 공격하는 것에 대해 지혜롭게 대처하는 유연성을 갖게 한다. 잘못되고 더러운 것이라고 해서 무조건 거부하면 저항이 거세다. 그 저항에 오히려 우리가 넘어질 수 있다. 그래서 받아들이는 태도를 취함으로써 그 공격력을 약화시켜야 한다. 마치 야구 선구가 공을 받는 순간 글로브를 약간 뒤로 빼 받으면서 빠른 볼의 충격을 완화시키는 것과 같다.

예부터 강하면 부러진다고 했다. 이보 전진을 위한 일보 후퇴가 바람직하다. 감사는 받아들인다는 고백이다. 의심이 잘못된 것이지만 그 의심을 감사로 받아들이면서 의심의 힘을 약화시킨다. 그러고는 하나님 말씀으로 분명하게 거절한다. 마치 말도 안 되는 것을 가지고 떼쓰며 울어대는 아이들을 달래는 것과 같다. 일단 수용하면 흥분이 가라앉는다. 그러면 이성적인 대화가 가능하다. 이는 깨어 있어야 가능하다. 마음의 여유가 있어야 가능하다.

철저한 결심의 일성, 감사

하나님 말씀은 유혹을 정확하게 지적한다. 그래야 우리 마음속에 자리한 부분 왜곡의 유혹을 확실하게 차단할 수 있다. "하나님 말씀을 주셔서 감사합니다. 말씀 그대로 온전하게 받아들이겠습니다." 다시 말하지만 감사는 우리가 무엇인가를 받을 때 하는 말이다. 아무런 생각 없이 의례적으로 받는 것이 아니다. 주는 것을 진심으로 받아들이는 것이다. 하나님 말씀도 마찬가지다. 말씀 그대로 온 마음을 다해 온전히 받을 때 이미 받았던 의심도 확실하게 거부할 수 있다.

데살로니가 교회의 성도들이 그랬다. "이러므로 우리가 하나님께 끊임없이 감사함은 너희가 우리에게 들은 바 하나님의 말씀을 받을 때에 사람의 말로 받지 아니하고 하나님의 말씀으로 받음이니 진실로 그러하도다 이 말씀이 또한 너희 믿는 자 가운데에서 역사하느니라"(살전 2:13).

하나님의 말씀을 하나님의 말씀으로 받는다고 했다. 이는 말씀을 그대로 온전하게 받아들인다는 뜻이다. 일점일획의 변형도 없다. 사람의 말로 받는 것과 하나님의 말씀으로 받는 것의 차이는 바로 행함이다. 하나님의 말씀으로 받는 경우 말씀에 구차한 이유를 붙이지 않고 말씀 그대로 따른다. 그러나 사람의 말로 받을 때는 이유나 핑계를 대고 구구절절 설명을 덧붙인다. 왜냐하면 그 설명은 사실 우리 마음속의 숨겨진 욕심을 지지하려는 말이기 때문이다. 그러다 보면 하나님의 말씀을 자기 뜻에 맞도록 슬쩍 바꾸거나 아예 거부하게 된다. 하와가 선악과를 따 먹을 때 먹지도 말고 만지지도 말라는 자기 설명을 덧붙인 것은 결국 하나님의 말씀을 부인하고 선악과를 따 먹기 위한 욕심에서 튀어나온 말이었다.

부분 왜곡의 유혹 앞에서, 즉 마음속에 의심이 생겨도 하나님의 말씀을 온전한 하나님의 음성으로 듣고 그대로 따라야 한다. 바로 눈앞에 있는 우리의 욕심을 지적하는 하나님의 말씀을 거절하고 싶을 때마다 감사 고백을 해야 한다. 감사 고백을 하면서 욕심을 지적하는 하나님의 말씀을 붙들고 자신의 마음에 그대로 적용하도록 기도해야 한다. "하나님의 말씀으로 제 마음속의 욕심을 그대로 지적해 주셔서 감사합니다. 온전히 말씀을 따름으로써 제 욕심을 확실하게 버리겠습니다."

욕심으로부터 우리 마음을 지킬 수 있는 것은 하나님의 말씀뿐이다. "모든 지킬 만한 것 중에 더욱 네 마음을 지키라 생명의 근원이 이에서 남이니라"(잠 4:23). 그러려면 마음에 말씀이 받아들여져야 한다. 이때 감사 고백이 결정적으로 필요하다. 감사 고백은 우리 마음을 무장해제시킨다. 그래서 아무런 저항이나 이유를 대지 않고 모든 것을 받아들이도록 만든다. 이는 감사가 가진 놀라운 힘이다.

비난과 비판을 이기는 감사

"깨끗이 씻어 버리겠습니다"

마음속에서 일어나는 부정적 감정은 우리에게 죄를 짓도록 만든다. 그 혼란스러운 마음의 생각을 단번에 없애고 하나님의 말씀에 제대로 반응하도록 만드는 고백이 감사다. 내면의 잘못된 생각과 느낌을 정리해 백지장처럼 만들어준다. 선악과를 따 먹은 아담과 하와의 마음속을 들여다보며 그 감사 고백이 필요한 상황을 면밀하게 살펴보도록 하자.

부끄러움과 두려움의 실체

20세기 최고의 조직신학자 중 한 사람인 폴 틸리히(Paul Tillich)는 인간 죄악의 핵심을 '불안'(anxiety)으로 정의했다. 그는 불안을 '두려움'(fear)과 비교하여 설명했다. 두려움은 그 대상이 분명하게 존재하지만 불안은 대상이 존재하지 않는다. 죄악된 인간이 느낄 수밖에 없는 실존적 불안에 대한 설명이다.

이런 불안의 성경적 배경을 선악과를 따 먹은 아담과 하와의 모습에서 찾을 수 있다. 창세기 2-3장을 통해 선악과를 따 먹은 아담과 하와의 타락한 마음을 부끄러움과 두려움 두 가지 감정으로 요약할 수 있다. 성경은 선악과를 먹기 전에는 벌거벗었으나 부끄러워하지 않았다고 말씀한다(창 2:25). 그리고 선악과를 먹고 난 뒤 "내가 동산에서 하나님의 소리를 듣고 내가 벗었으므로 두려워하여 숨었나이다"(창 3:10)라고 말씀하고 있다. 이 두 구절을 토대로 부끄러움과 두려움으로 요약할 수 있다. 이 두 가지 감정을 서로 다르지 않은 하나의 감정으로 볼 수도 있다. 한 실체이지만 설명은 구별하여 제시한다.

이 두 구절을 토대로 볼 때 선악과를 따 먹고 타락한 결과는 아담과 하와의 마음속에 생긴 부끄러움과 두려움이다. 이는 타락한 성품의 핵심이다. 이 두 가지 감정을 자세히 살펴보자. 부끄러움은 어떤 감정일까? 심리학자 에릭 에릭슨(Erik Erikson)은 부끄러움 또는 수치심(shame)을 '기대에 미치지 못하는 실망감'으로 정의했다. 아담과 하와에게는 두 가지 기대가 있었다. 첫 번째는 선악과를 따 먹지 말라고 말씀하신 하나님의 기대다. 그러나 하나님 말씀에 불순종하고 선악과를 따 먹음으로써 기대에 미치지 못했다는 실망감이 일어났다. 두 번째는 선악과를 먹으면 눈이 밝아져 하나님처럼 될 수 있을 것이라는 뱀의 유혹을 통해 스스로 갖게 된 기대다. 그런데 선악과를 따 먹었지만 그 기대도 이루어지지 않았다. 이 두 가지 기대에 미치지 못한 실망감은 자신에 대한 부끄러움으로 귀결된다. 하나님의 기대에 부응하지 못했을 뿐 아니라 하나님처럼 되지도 못한 자기 자신에 대한 부끄러움이다. 이는 하나님의 말씀에 불순종하고 뱀의 유혹을 따른 결과다.

과연 두려움은 어디서 왔을까? 아담과 하와는 선악과에 대한 하나님의 경고 말씀을 들었다. 선악과를 먹지 말라는 것과 먹으면 반드시 죽는다는 경고의 말씀이었다. 그들은 선악과를 따 먹는 순간 하나님의 말씀을 어겼다는 깨달음과 동시에 반드시 죽으리라는 하나님 말씀이 기억났고, 죽음에 대한 두려움이 공포처럼 다가왔을 것이다.

부끄러움과 두려움, 죄악 된 행동의 뿌리

우리의 죄악은 마음속에서 나온다. 주님의 말씀대로다. "사람 안에서 나오는 것이 사람을 더럽게 하는 것"(막 7:16)이다. 즉 타락한 성품이 죄악 된 행위의 근원일 것이다. 우리가 살아가며 저지른 대부분의 죄악이 그렇다. 사회의 법을 어기거나 도덕을 거스르는 행위는 여기서 굳이 논할 필요가 없다. 믿는 사람이 지켜야 할 당연한 의무다. 바리새인보다 나아야 한다고 하셨다. 율법적으로 믿지 않는 사람보다 더 나아야 한다는 것이다. 이 당위성에 대해선 더는 언급할 필요가 없다. 여기서는 더 원초적이고 근원적인 내면의 죄를 다루고자 한다.

타락한 성품이 우리에게 죄를 짓도록 한다면 그 타락한 성품의 뿌리에 두려움과 부끄러움이 있다. 부끄러움은 자신이 부족하다는 인식에서 온다. 그 부족함을 솔직하게 인정하면 쉽게 해결된다. 부족함 자체는 잘못된 행동을 부추기지 않는다. 두려움도 마찬가지다. 그런데 마음속에서 부족함을 부끄러워하는 마음과 두려워하는 마음을 숨기려고 방어기제를 작동하기 시작하면 그것이 죄악 된 행동을 하도록 만든다. 두려움과 부끄러움을 느끼는 순간 아담과 하와는 숨었다. 이 두 가지 감정을 숨기려고 했던 것이다.

> 그들이 그 날 바람이 불 때 동산에 거니시는 여호와 하나님의 소리를 듣고 아담과 그의 아내가 여호와 하나님의 낯을 피하여 동산 나무 사이에 숨은지라 창 3:8

아담과 하와는 여호와 하나님의 소리를 듣고 숨었다. 숨지
말고 하나님 앞에 나아갔어야 했는데 말이다. 하나님은 숨어
있는 아담에게 "네가 어디 있느냐"(9절)라고 물으셨다. 아담의
대답을 들어 보자.

> 내가 동산에서 하나님의 소리를 듣고 내가 벗었으므로 두려워
> 하여 숨었나이다 **창 3:10**

솔직한 대답처럼 들린다. 사실 솔직함도 있다. 그러면 하나
님이 그 솔직함을 보고 용서해 주셔야 했을까? 아니다. 하나님
의 소리를 듣고 동산 나무 사이에 숨은 것은 이미 자신들의 행
위가 잘못되었음을 알고 있었다는 것을 말해 준다. 먹지 말라
는 하나님의 명령을 들었으나 지키지 않았다는 사실을 인지하
고 있었다. 벌거벗었기 때문에 두려워하여 숨었다는 것은 솔직
한 대답이 아니다. 선악과를 먹는 불순종의 죄를 범했다고 솔
직하게 고백했어야 한다. 여기서 아담이 한 고백의 문제는 하
나님의 말씀에 반응한 것이 아니라 자신의 감정에 먼저 반응했
다는 것이다. 그래서 아담의 대답을 들은 하나님은 먹지 말라
고 명한 그 나무 열매를 먹었느냐고 물으셨다(11절).

부끄러움을 인정한다면 그 감정을 솔직하게 드러내면서 그렇게 만든 행위의 원인을 추적해야 한다. 그리고 그 행위가 잘못된 것임을 깨닫고 인정해야 한다. 이것이 온전한 영적 회개다. 물론 회개해도 잘못에 대한 대가는 치러야 한다. "네, 제가 했습니다"라고 고백하면 처벌도 달게 받겠다는 마음도 생긴다. 처벌은 좋은 교훈이 되고, 잘못을 반복하지 않게 해준다.

그런데 부끄러움을 방어하고 감추면 잘못된 행위를 깨닫지 못한다. 마음속에서 방어막을 세우기 때문이다. 그러면 잘못을 가리기 위한 변명이 시작된다. 그래서 하나님은 선악과를 따 먹은 행위를 추궁하신 것이다.

> 누가 너의 벗었음을 네게 알렸느냐 내가 네게 먹지 말라 명한
> 그 나무 열매를 네가 먹었느냐 **창 3:11**

하나님의 추궁에 대해 아담은 이렇게 대답한다.

> 하나님이 주셔서 나와 함께 있게 하신 여자 그가 그 나무 열매
> 를 내게 주므로 내가 먹었나이다 **창 3:12**

126

아담은 핑계를 댄다. 남에게 책임을 전가한 것이다. 아담의 대답은 사실과 다르지 않다. 하지만 그 솔직한 대답이 선악과를 따 먹은 행위를 정당화할 수는 없다. 하나님은 선악과를 먹지 말라는 명령을 아담에게 직접 하셨다. 그럼에도 자신의 잘못을 인정하지 않으려는 의도가 숨겨져 있다. 하나님과 하와에게 그 책임을 전가하기 위한 대답인 것이다. 이런 핑계와 책임 전가의 행동은 모두 부끄러움과 두려움을 감추려는 심리적 방어기제로부터 시작된다.

인간이 저지르는 죄의 핵심은 행위에 있지 않다. 잘못된 행위를 지적하는 하나님의 말씀에 반응한 것이 아니라 잘못된 행위의 결과인 죄책감에 반응한 것이다. 그러니까 아담과 하와가 저지른 애초의 잘못은 부끄러워 숨은 것이다. 그때 하나님은 "누가 너의 벗었음을 알렸느냐 내가 네게 먹지 말라 명한 그 나무 열매를 네가 먹었느냐"라고 하시며 행위에 대한 책임을 물으신 것이다.

숨는 행위는 방어적 행위다. 사실 자녀들은 부모에게 혼날까봐 두려워서 거짓말을 한다. 꾸중이 두려워 학교 성적을 속이기도 한다. 연예인들은 인기가 떨어질까 두려워 그 마음을 숨기기 위해 마약을 복용하기도 한다. 실패와 따돌림, 무관심, 거절 등을 회피하려는 마음에 성적 쾌락에 몰두하기도 한다.

모두가 마음속 깊은 두려움과 부끄러움을 감추려는 방어적 행동이다.

감사의 힘, 부끄러움과 두려움을 받아들임

감사는 숨기려는 마음을 막아준다. 방어하지 않아도 된다고 느끼게 해준다. 용기를 심어준다. "하나님, 감사합니다"라고 고백하는 순간 두려움과 부끄러움을 느끼고 받아들이게 된다. 그러면 이 두 가지 부정적 감정은 더는 힘을 쓰지 못한다. 단순히 인정하고 받아들이는 것으로 끝나지 않는다. 감사할 때 인정과 함께 그다음 행동으로 옮길 수 있는 용기를 북돋아준다. 하나님의 온전한 용서에 대한 확신이 느껴진다.

두려움 앞에서 감사 고백을 실천해 보라. 부끄러움 앞에서 감사하다고 말해 보라. 하나님과 직통전화를 하는 것이다. 그러면 결론이 바로 난다. 중간에 비서실장이나 장관을 거칠 필요가 없고, 대통령이 직접 결론을 내리는 것이다.

이처럼 감사는 내면의 부정적 감정이 야기하는 문제를 해결하고 한계를 넘어서게 만든다. 감사는 자기정체성을 확실하게 인식하고 선언하는 고백이다. 하나님 앞에서 감사 고백보다 자신의 정체성을 선언하는 더 정확한 말은 없다. 하나님은 바로 응답해 주시고, 만병통치약이 처방된다. "나는 피조물이요 하나님의 도움이 필요한 사람이요 하나님이 주신 모든 결과를 받아들이는 사람이다"라는 선언이 다 들어 있기 때문이다.

정통 신학은 인간의 원죄를 아담과 하와의 불순종이라고 설명한다. 하지만 원죄의 핵심이 불순종이라는 설명은 오늘을 살아가는 인간들에게는 실천적 의미가 없어 보인다. 타락한 인간이 죄를 짓도록 하는 실제 원인은 에덴동산에서 일어났던 아담과 하와의 불순종보다 그 불순종의 결과로 갖게 된 부끄러움과 두려움이기 때문이다. 이 두 가지 감정이 타락한 성품의 실체다. 선악과를 먹은 행위보다 먹고 난 뒤 타락한 성품이 타락한 죄인의 실체다. 이것은 인간에게 가해진 영적 상처다.

눈이 밝아진 아담과 하와, 자의식과 자기비판

선악과를 먹은 뒤 아담과 하와에게 일어난 또 다른 내면의 모습이 있다. 하와는 먹음직도 하고 보암직도 하고 지혜롭게 할 만큼 탐스럽기도 한 선악과를 먹었다. 먹기 전에 선악과를 바라보며 먹고 싶고 맛보고 싶고 똑똑해지고 싶다고 생각했다. 먹어 본 뒤 그 맛은 어땠을까? 늘 그렇듯이 실제 경험은 기대와 많은 차이가 난다. 맛이 기대에 미치지 못해 실망이 컸을 것이다. 하나님처럼 느껴져야 했는데 그렇지 못했다. 하지만 좋은 맛도 느꼈을 것이다. 그리고 먹고 나서 분명한 변화가 있었다. 기대대로 지혜로워졌다는 느낌이었을까?

성경은 선악과를 먹은 뒤 눈이 밝아졌다고 말씀한다. 보지 못하던 것들을 보게 되었는데 똑똑해진 것이다. 또한 판단할 수 있는 분별력이 생겼다. 더 많은 능력을 갖추게 된 것이다. 그런데 똑똑해져 처음 알게 된 것은 자신의 벗은 모습이었다. 두 사람이 벗은 모습을 어떻게 느꼈는지 알 수 없지만 성경은 "눈이 밝아져 자기들이 벗은 줄을 알고 무화과나무 잎을 엮어 치마로 삼았더라"(창 3:7)고 말씀한다.

선악과를 따 먹음으로써 인간이 똑똑해졌다는 것은 중요한 뜻을 내포하고 있다. 창세 이후 이어진 인간의 역사는 인간의 똑똑함을 여실히 증명해 주고 있다. 농업사회, 산업사회, 지식정보사회, 21세기에 들어 등장한 인공지능 개발과 생명공학의 획기적 발전은 신성불가침의 영역이라고 여겨 온 생명 창조의 영역까지 넘볼 정도로 엄청나다. 이렇듯 인류사회를 놀랍도록 발전시키는 데 인간의 똑똑함이 크나큰 역할을 했다.

여기서는 인간의 똑똑함이 부끄러움이나 두려움과 함께한 인간 안에 공존하고 있다는 사실이 중요하다. 인간의 똑똑함과 두려움, 부끄러움은 타락한 인간의 실체다. 모두가 선악과를 따 먹은 결과다. 이것이 하나로 작용하면 자의식과 자기 비판이 된다. 자신에 대해 판단하는 능력이다. 아담과 하와는 눈이 밝아져 자신들의 벗은 모습을 알게 되자 가려야 한다고 생각했다. 선악과를 따 먹고 눈이 밝아진 결과가 아담과 하와에게 부정적 경험이 된 것이다. 좋아진 것이 아니라 나빠진 것이다. 인간이 아무리 똑똑해도 부끄러움과 두려움을 가지고 있는 한 타락한 인간의 실존에서 벗어날 수 없다.

아담과 하와의 벗은 모습은 하나님이 창조하신 모습 그대로이고, 하나님이 보시기에 좋았다고 했다. 그런데 자신들의 모습을 부끄러워하게 되었다. 판단 능력을 갖췄지만 그 판단 능력은 자신을 부족한 존재라고 여기도록 만들었다. 그래서 인간의 자의식은 본질적으로 부정적이다. 인간이 자기를 스스로 판단하게 되면 만족할 수 없다. 천사보다 못한 모습으로 만들어진 것도 부정적으로 받아들인다. 뿐만 아니라 뱀의 유혹 가운데 하나님과 같이 된다는 기대에도 미치지 못했다(창 3:5). 하나님이 만드신 있는 그대로의 자기 모습을 받아들일 수 없거나 그대로 살아갈 수 없다고 느낄 정도로 왜곡되고 부정적인 존재가 되고 말았다.

벗은 것을 알게 됨, 자의식의 탄생과 하나님과의 관계 단절

벗은 모습을 알게 되었다는 것은 자의식의 탄생을 뜻한다. 자의식은 자신의 모습을 성찰한다는 점에서 긍정적이다. 자신의 말과 모습, 생각 등 자신의 모든 것에 대해 스스로 객관적 성찰을 하면서 성숙해지기 때문이다. 하지만 하나님이 원하시는 결과가 아니었다는 점에서 선악과로 인한 자의식의 탄생은 부정적이다.

부정적 자의식의 측면은 지나친 자기 성찰이 부끄러움과 두려움으로 귀결된다는 것이다. 현대 용어를 사용하면 신경증의 위험이다. 스스로에게 어떤 율법이나 지침을 부과하고 거기에 꼭 맞추어야 한다고 요구하기 때문에 피곤해질 수밖에 없다. 자신의 모든 행동에 대해 '왜?'라는 의문을 제기하게 되어 자신에 대한 부정적 인식에 빠진다. 때로는 자기 자신을 지나치게 높이 평가하기도 한다. 남이 자신을 어떻게 바라보는지 지나치게 의식해 역설적으로 자신만의 세계에 빠져들기도 한다.

우리에게는 인간의 부정적 자의식을 역설적으로 받아들이는 영적 지혜가 필요하다. 어쩔 수 없이 느끼게 되는 부족함에 대해 자신을 하나님 앞에서 타락한 존재로 인정하고 받아들임으로써 영적 겸손의 모습으로 서는 것이다. 부족함을 인간의 관점으로만 바라본다면 헤어날 수 없는 악순환에 빠지고 만다.

"벗었으므로 두려워하여"라는 아담의 말은 하나님과의 관계 단절로부터 오는 불안감의 표현이기도 하다. 말씀에 불순종하고 선악과를 먹으면 반드시 죽으리라는 하나님 말씀이 떠올랐을 것이다. 그리고 죽음에 대한 공포가 엄습했을 것이다. 하나님의 보호와 돌봄 가운데 있다가 세상에 홀로 던져지게 된 존재라는 인식이다. 엄마를 따라나섰다가 시장에서 엄마를 잃어버린 세 살짜리 아이의 심정이랄까.

타락한 자의식, 자기중심성과 긍정성의 과잉

얼마 전 노트북을 가지고 열심히 과제를 작성하고 있는 딸들에게 몇 기가짜리 USB를 사용하는지 물었다. 우스갯소리를 하려는 의도였다. 딸들이 "4기가(giga)요!"라고 대답했다. 그때 한마디 했다. "야! 4기가밖에 안 되니까 사기가(4giga) 자꾸 떨어지지! 적어도 8기가는 되어야 팔 때 팔아도 비싸게 팔기가 (8giga) 좋지!" 그 순간 딸들의 반응은 모두 "헐!"이었다. 썰렁개그, 아재개그라는 것이다.

내 생각에는 그 정도면 쓸 만한 유머라고 생각했는데 요즘 세대에게는 안 통했다. 옛날 어른들이 우리 어릴 때 하시던 말씀이 생각난다.

"우리 때는 가을 나무에서 떨어지는 낙엽 한 잎에도 눈물을 흘렸고, 걸어가는 아가씨의 뒷모습만 보고도 배꼽 잡고 요절복통을 했단다."

요즘 젊은 아이들과 대화할 때 우스갯소리를 하면 반응이 대부분 시큰둥하다. 웬만해서는 웃지도 않고 큰 반응도 없다. 세대 차이도 있지만 마음에 감동을 느끼지 못하는 것이 더 문제다. 너무 안 웃다 보니 개그 프로그램을 보면 중간에 사람들의 웃음 소리를 녹음해 틀어준다. 현대사회가 더 강렬한 자극을 요구하는 중독문화로 가고 있음을 보여준다.

유럽에서 활동하는 우리나라 철학자 한병철 씨가 쓴《피로사회》를 보면 현대사회의 문제점을 예리하게 파헤치고 있다. 그는 현대사회의 특징 중 하나로 '긍정성의 과잉' 현상을 지적한다. 이는 이 세상에 좋은 것이 너무 많은데 많아서 좋은 것이 아니라 오히려 문제라는 것이다. 인간에게 성(sex)은 하나님의 선물이고 필요하지만 성을 지나치게 권장하면서 누드나 포르노가 범람하고 있다. 술은 음식이고 잔치에 필요하지만 지나치게 권하는 사회가 되어 사회적 문제가 되고 있다. 다른 것들도 마찬가지다. 인터넷, 마약, 게임 등은 유희와 휴식 차원에서 필요하지만 이를 지나치게 즐기다 보니 웬만한 정도로는 무감

각해져 결국은 중독으로 가는 것이다.

UFC 종합격투기가 등장하고 나서 권투 경기는 너무 밋밋해 재미없다는 사람이 많다. 강력한 자극이 아니면 만족이 안되는 것이다. 마치 자동차를 150킬로미터로 달리다가 과속측정기 앞에서 100킬로미터 이하로 속도를 줄이면 차가 기어가는 것처럼 느껴지는 것과 같다. 현대사회는 더 빠르고 더 자극적이고 더 쾌락적으로 흐르고 있다. 세상 문화가 갈수록 자극적이 되면서 자극을 더 강화해야 만족을 느끼는 중독으로 가고 있는 것이다.

중독이 문제가 되는 이유는 좋은 것을 선택하면 마음이 즐겁고 몸이 회복되고 건강해져야 하는데 오히려 반대이기 때문이다. 마음이 삭막해지고 답답해지고 메말라 가며 건강도 나빠진다. 비정상적인 생활을 하다가 폐인이 되기도 한다. 계속해서 자극을 주며 웃겨야 하는데 그렇지 않으면 금단 증상이 나타난다. 현대병은 대부분 금단 증상을 보인다. 과소비, 피로증후군, 우울증, 심각한 분노, 폭력, 묻지마 살인 등은 모두 긍정성 과잉으로 나타나는 후유증이다. 자기중심적으로 사는 인간이 갈 수밖에 없는 길이다.

긍정성 거부와 자기중심성 탈피

중독 또는 금단 증상은 결국 우리 삶에 'Yes'가 너무 많아서 생긴다. 모자라거나 없어서 생기는 게 아니다. 역으로 말하면 'No' 또는 '아니다'라는 반응이 없는 것이 문제다. 우리 인생에는 기본적으로 안 되는 것이나 모자라는 것이 있어야 한다. 이것을 신앙의 자세로 말하면 절제 또는 조절이 있어야 한다는 것이다. 아홉 가지 성령의 열매 가운데 마지막 열매가 절제다. 유교에서 과유불급(過猶不及)의 교훈도 마찬가지다. 부족한 것이 지나친 것보다 낫다는 것이다.

하나님은 인간과 세상의 질서를 그렇게 만드셨다. 창세기의 선악과 존재 의미가 여기에 있다. 에덴동산에서의 축복은 임의로 먹으라는 것과 선악과는 먹지 말라는 두 가지로 요약된다. 하나는 축복이고, 다른 하나는 축복의 반대나 금지가 아니다. 두 가지 모두 함께 작용해 우리에게 이루어지는 축복의 말씀이다. 두 가지 명령은 이 세상을 건강하게 살아가기 위한 최상의 조합을 이루는 말씀이다.

만약 동산 모든 나무의 실과를 임의로 먹으라는 말씀만 있었다면 에덴동산은 중독 현상으로 오염되었을 것이다. 상상에서 나온 이야기지만 에덴동산에서의 중독은 영적으로 흥미로운 개념이다. 중독 문제의 핵심은 사용하는 물건이 만들어진 본래의 목적을 모르고 잘못 사용하거나 남용하는 것이다. 모르핀 성분의 마약은 본래 마취를 목적으로 만들어졌다. 그러나 본래의 목적을 모르거나 무시하고 남용하면 중독이 된다. 에덴동산에 피조물이 만들어진 본래의 목적을 알지 못한 채 피조물을 사용하고 즐긴다면 그것이 중독이다. 우주 만물을 만드신 하나님의 창조 목적을 모르고 사용하기 때문이다. 하나님을 모르고 피조물을 통한 만족과 쾌락만을 추구한다면 그것은 영적 중독과 같다.

결론적으로 우리에게 모자라는 것이나 안 되는 것이 있으면 결정적 유익이다. 엄청난 유익이다. 영적 차원에서 그렇다. 하나님이 만드신 세상의 이치를 보라. 열쇠만 있는 것이 아니라 자물쇠도 있어야 한다. 자동차는 가속기뿐 아니라 브레이크도 있어야 제대로 굴러간다. 그렇다면 인생에는 축복만 아니라 고난도 함께 있어야 한다. 성경이 인생을 광야로 비유한 이유가 여기에 있다. 부족함이 있는 곳, 안 되는 것이 존재하는 곳이다.

시편 23편에 나온 다윗의 고백을 보자. 처음에는 푸른 풀밭과 쉴 만한 물가로 인도하시는 하나님을 고백한다. 그리고 바로 사망의 음침한 골짜기로 보내시는 하나님을 부른다. 인간은 광야를 거치지 않으면 변화산의 베드로처럼 "여기 있는 것이 좋사오니!"라고 고백하게 된다(마 17:4). 솔로몬의 일생을 보라. 처음에는 백성을 위해 지혜를 구하는 훌륭한 왕이었다. 국력 확장과 외교 확장 등 성장과 성공 일변도로 달리며 수많은 부귀영화를 누렸다. 이렇듯 그는 긍정성을 추구하고 성취했지만 결국에는 영적으로 타락한 왕이 되었다.

현대사회가 중독으로 치닫는 문화로 달려가는 근본적 이유는 자기중심성 때문이다. 자기중심성을 벗어나 이웃을 돕고 남을 위하는 타인지향적 나눔과 섬김의 삶을 통해 진정한 영적 만족을 추구하지 못했기 때문이다. 중독으로 가지 못하게 하는 건강한 영적 만족을 상실한 것이다. 교회가 축복만 바라는 신앙을 추구한다면 균형 잡힌 진정한 영적 만족을 얻지 못하고 이 세상의 자기만족 또는 중독문화에 오염되고 만다. 주님은 그런 세태를 지적하면서 이렇게 한탄하셨다. "또 이르시되 이 세대의 사람을 무엇으로 비유할까 무엇과 같은가 비유하건대 아이들이 장터에 앉아 서로 불러 이르되 우리가 너희를 향하여 피리를 불어도 너희가 춤추지 않고 우리가 곡하여도 너희가 울지 아니하였다"(눅 7:31-32).

우리는 인간의 진정한 축복이 광야에서의 불기둥과 구름기둥임을 알아야 한다. 만나와 메추라기의 축복도 광야에서 일어난 것이다. 반석에서 나온 물도 목말라 하던 광야에서 터

진 것이다. 그러므로 우리는 자기중심성을 탈피하는 훈련을
해야 한다.

부족함에 처할 줄 아는 영성

하나님이 만들어놓으신 뒤 먹지 말라고 한 선악과의 의미
를 알 필요가 있다. 하나님은 왜 인간이 알지 말았어야 할 벗은
상태를 알게 하는 선악과를 만들어놓으시고 먹지 말라고 하셨
을까? 그 이유는 '부족함에 대한 자의식'을 경계하신 것이다.

인간은 부족함의 존재다. 하나님이 만드실 때부터 주어진
인간의 본질이다. 천사보다 조금 못하게 지으셨는데, 인간은
이 사실을 군이 인지할 필요가 없었다. 하나님이 주인 되시는
한 우리가 부족해도 전혀 문제가 되지 않기 때문이다. 에덴동
산에서 하나님의 온전한 계획에 따라 주어진 모든 것을 감사하
며 누리면 그만이었다. 그리고 그 부족함은 하나님의 돌보심에
자신을 전적으로 의탁하고 절대 순종하는 기제가 되어야 했다.

이것이 오늘날 우리가 깨달아야 할 선악과에 대한 교훈이
다. 선악과를 보면서 하나님을 더욱 의지해야 한다는 메시지만
기억하면 된다. 우리 삶에서 부족함을 느낄 때마다 하나님의
돌보심을 기대하면서 그분의 명령만 잘 따르면 된다.

그런데 인간은 선악과를 따 먹음으로써 자신의 부족함을 창피하다고 느끼게 되었다. 하나님이 만드신 인간이 자의식을 통해 부족하다고 느끼게 된 것은 하나님이 원하시는 바가 아니다. 하나님은 우리의 부족함을 지적하지 않으신다. 오히려 그 부족함을 돌아보며 채워주신다. 그 도우심을 받으려면 하나님의 계획과 섭리에 우리 삶을 맡기면 된다. 그런데 맡기지 못하고 자신의 부족함을 스스로 걸림돌로 만드는 것이 문제다. 하나님을 떠나려 하고 스스로 주인이 되려고 하는 한 부족함에 대한 인식은 영원토록 벗어날 수 없는 굴레가 되고 만다.

부족함을 인식하는 순간 감사 고백이 결정적 역할을 한다. "하나님, 저의 부족함을 감사드립니다. 이 부족함을 인정하고 받아들입니다. 부족한 저를 돌보시어 하나님이 주신 놀라운 은총을 누리는 데 제 부족함이 걸림돌이 되지 않게 하소서."

감사 고백은 우리를 무장해제시키는 효과가 있다. 자신의 부족함을 인정하고 받아들일 때 그 부족함은 더 이상 걸림돌이 되지 않는다. 마치 공을 안고 물속으로 들어가려면 힘이 들지만 공을 그대로 놔버리면 물속으로 들어가는 데 전혀 힘들지 않는 것과 같다. 부족함을 인정하는 것은 물속으로 들어가려고 할 때 공을 놓아버리는 것과 같다. 감사로 자신의 부족함을 인정하고 받아들여라. 그래야 부족함에서 자유하게 된다.

예수 믿는 자들을 향한 바울의 살기, 방어기제와 비난

사도행전 8장은 "사울은 그가 죽임 당함을 마땅히 여기더라"(1절)는 말씀으로 시작된다. 스데반이 돌에 맞아 죽는 현장을 직접 목격한 사울의 느낌을 표현한 것이다. 사울이 교회를 박해하는 이야기에 이어 9장은 "사울이 주의 제자들에 대하여 여전히 위협과 살기가 등등하여 대제사장에게 가서"(1절)라는 말씀으로 시작한다. 여기서 "위협과 살기가 등등하여"라는 표현이 관심을 끈다.

왜 사울은 예수를 믿는 사람들을 보면 죽이고 싶다는 충동을 느끼게 되었을까? 사울은 율법에 흠이 없는 자라 생각하며 살아왔다. 하나님을 철저히 믿는 사람이라는 자의식이 있었다. 하지만 아무리 훌륭한 사람이라도 자의식은 부정적 자기인식을 벗어나지 못한다. 율법을 완벽하게 지킬 수 없으니 마음의 평안과 기쁨이 있을 수 없었다. 이 점을 자신에게 감출 수가 없었다.

이렇게 살아가던 중 사울은 스데반의 죽음과 죽을 때의 모습을 보고 충격을 받았다. 스데반의 모습과 자기 속마음이 비교되면서 들켰다는 생각이 들었던 것이다. 남에게 드러난 것이 아니라 자기에게 드러난 것이다. 해결할 수 없어 억눌렀던 자기의 부정적 모습을 인식하게 되었다. 이 사실이 사울을 괴

롭혔다. 사울은 이 마음을 더 억눌러야 했다. 더 단단히 감추어야 했다. 이는 그때까지 사울이 살아온 모습이었다.

자신의 부정적 내면을 감추기 위한 최고 방법은 남을 비난하는 것이다. 이것을 방어기제(defensive mechanism)라고 한다. 특히 자신의 못난 모습을 생각나게 만든 대상을 찾아 비난하게 된다. 사울에게는 예수 믿는 사람들이 그랬다. 죽음 앞에서도 두려워하지 않는 사람들, 죽음을 당하면서도 기쁨과 평안을 누리는 사람들이 그를 힘들게 한 것이다. 자신의 괴로운 마음과 대조되는 그들의 모습에 죽이고 싶다는 충동을 느낀 것이다.

사울의 살기등등한 심리는 아담과 하와가 겪은 심리와 다르지 않다. 두려움과 부끄러움을 숨기기 위해 몸을 감췄던 아담과 하와와 동일하다. 선악과를 먹은 자신의 잘못된 행동이 하나님과 하와에게 있다고 책임을 전가하는 또 하나의 방어기제와 다르지 않다.

타락 이전의 에덴동산은 자의식이 굳이 필요하지 않은 곳이었다. 하나님 말씀대로 순종하며 살기만 하면 풍족한 삶을 누리며 살 수 있었다. 구약학자 월터 브루그만(W. Brueggemann)은 하나님이 창조를 통해 인간에게 신뢰, 사명, 금지라는 세 가지 조건을 부여하셨다고 말한다. 따라서 인간은 명령을 지키기만 하면 되었다. 그런데 뱀과 하와는 하나님의 이런 계획을 지식과 판단의 대상으로 바꿔버렸다. 하나님의 주인 되심은 결코 객관적 논의와 판단의 대상이 아니다. 순종하고 따라야 할 생명의 말씀인 것이다.

감사 고백, 부정적 자기인식과 비난 잠재우기

자의식에 빠져 자신을 부정적으로 바라보는 인간의 죄성을 어떻게 극복할 것인가? 감사 고백이 해결책이다. 감사는 현재 자신에 대한 모든 것을 전적으로 수용하게 만든다. 부정적 자의식도 아무런 문제가 되지 않는다. 하나님은 비교하는 가운데 열등감을 갖거나 율법의 기준으로 죄책감을 갖거나 자기 기준으로 판단하며 스스로 수치심을 느끼는 것을 원치 않으신다. 찬송가 가사처럼 "내 모습 이대로 주 받으옵소서"라는 고백만 있으면 된다. 주님이 자신을 받으시기 원한다고 믿으면 우리 역시 자신을 받는다. 진정한 자존감은 자신을 부족한 그대로 받는 것이다. 주님은 이런 사람을 심령이 가난한 자라고 말씀하셨다. 하나님이 받으시면 그것으로 충분하다. 다른 세상적 조건이 더는 필요하지 않기에 가난한 자가 되는 것이다. 우리가 자신을 거절할 이유도 명분도 없다.

모든 감사 고백의 공통점은 받아들이는 것이다. 스펀지처럼 받아들이는 것이다. 반발도 비판도 축복도 고난도 그대로 받아들이면 된다. 감사는 좋은 것을 받아 복으로 마음껏 누리고, 나쁜 것도 받아 그 악한 힘을 잠재운다.

창세기 2장에서 성경은 아담과 하와가 벌거벗었으나 부끄러워하지 않았다고 말한다. 아담이 홀로 있다가 하와가 더해졌다. 남녀의 존재와 상호관계가 만들어지면서 가정, 즉 최소 공동체 단위가 탄생했다. 서로가 서로의 벗은 모습을 부끄러워하지 않았다는 것은 공동체에서 상대방의 부족함을 보고 판단하거나 비판할 일이 없었다는 것을 뜻한다. 여기서 공동체가 영적으로 유지되기 위한 기본 전제를 발견할 수 있다. 비판하거나 판단하는 일을 하나님이 아예 금하신 것이다.

여기서 사람들에 대한 비난과 정죄의 모습을 대하는 우리의 신앙적 자세도 감사 고백임을 배운다. 고린도전서에서 다루는 우상의 제물을 먹는 문제를 통해 비판과 관련한 감사 고백의 역동을 좀 더 자세히 살펴보고자 한다. 비난과 비판을 감사하는 마음으로 받아들이지 않으면 또다시 비난과 비판을 낳게 되고, 이 악순환이 계속된다면 결국 공동체는 파괴되고 만다.

우상 제물을 먹는 것에 대한 비판

고린도전서 10장 23-33절 말씀은 우상 제사 음식을 먹는 것과 관련된 문제를 다루고 있다. 바울은 우상 제사 때 사용한 음식을 먹는 것과 관련해 모든 음식은 기본적으로 하나님이 주신 것이기에 먹어도 괜찮다고 먼저 말한다.

> 모든 것이 가하나 모든 것이 유익한 것은 아니요 모든 것이 가하나 모든 것이 덕을 세우는 것은 아니니 누구든지 자기의 유익을 구하지 말고 남의 유익을 구하라 무릇 시장에서 파는 것은 양심을 위하여 묻지 말고 먹으라 이는 땅과 거기 충만한 것이 주의 것임이라 **고전 10:23-26**

그래서 시장에서 파는 것은 묻지 말고 먹으면 된다(25절). 즉 받아들이는 것이 기본이다. 그럼에도 상황적으로 먹지 말아야 하는 경우가 있음을 설명한다. 우리가 우상의 음식을 먹는 것이 다른 누군가에게 유익이 되지 않고 덕이 되지도 않는 경우다(23절). 어떤 사람이 우리가 제사 음식인 줄 알면서도 먹는 것을 보면 그 보는 사람의 양심에 거리낌이 되기 때문이다. 양심이 비판을 하는 까닭이다. 먹어서는 안 된다고 생각하는 제사 음식을 누군가가 먹는 장면을 목격하면 어쩔 수 없이 판단하게 되므로 그렇게 판단하게 되는 상황을 만들지 않도록 먹지 말라는 것이다. 이것이 바로 남의 유익을 구하는 것이다.

비판받는 행동을 하지 말아야 하는 이유는 우리의 행동이 틀렸기 때문이 아니다. 우리의 행동이 틀렸다고 생각하며 바라보는 사람들이 비판하도록 하는 상황을 만들지 말라는 것이다. "아이들 앞에서는 냉수도 못 마신다"라는 우리나라 옛 속담의 의미와 같은 맥락이다. 아이들은 어른들의 행동을 보고 그대로 따라 한다. 그래서 그 아이들의 수준에서 잘못이라고 생각할 만한 행동을 하지 않아야 한다는 것이다. 남의 유익을 생각하라는 것이 바로 이런 뜻이다. 사람을 비판하게 만들면 바로 그 사람의 양심이 괴로움을 겪기 때문이다. 그래서 비판받은 사람은 상처를 받게 되고 상처받은 사람은 다시 비판을 통해 복수하고 싶어진다.

바울은 이런 논지를 펼치면서 31절에서 제사 음식에 대한 결론을 내린다. 무슨 행동을 하든지 하나님의 영광을 위한 것이 되어야 한다는 것이다. 하나님의 영광이 무엇인지는 다음 말씀에서 설명하고 있다.

유대인에게나 헬라인에게나 하나님의 교회에나 거치는 자가 되지 말고 나와 같이 모든 일에 모든 사람을 기쁘게 하여 자신

의 유익을 구하지 아니하고 많은 사람의 유익을 구하여 그들
로 구원을 받게 하라 **고전 10:32-33**

자기 유익이나 자기 기준을 내세우지 말고 남의 유익과 기
준을 존중하는 것이 곧 하나님께 영광이 된다. 다른 사람들, 즉
공동체를 우선하는 사랑의 율법을 지키는 것이 하나님께 영광
이 된다. 그때 교회 전체가 은혜 가운데 서게 된다. 결국 비판
도 받아들이는 감사가 공동체를 세운다. 골로새 교회에 전하
는 바울의 메시지를 살펴보자.

그러므로 너희는 하나님이 택하사 거룩하고 사랑받는 자처럼
긍휼과 자비와 겸손과 온유와 오래 참음을 옷 입고 누가 누구
에게 불만이 있거든 서로 용납하여 피차 용서하되 주께서 너
희를 용서하신 것같이 너희도 그리하고 이 모든 것 위에 사랑
을 더하라 이는 온전하게 매는 띠니라 그리스도의 평강이 너
희 마음을 주장하게 하라 너희는 평강을 위하여 한 몸으로 부
르심을 받았나니 너희는 또한 감사하는 자가 되라 그리스도의
말씀이 너희 속에 풍성히 거하여 모든 지혜로 피차 가르치며
권면하고 시와 찬송과 신령한 노래를 부르며 감사하는 마음으
로 하나님을 찬양하고 또 무엇을 하든지 말에나 일에나 다 주

예수의 이름으로 하고 그를 힘입어 하나님 아버지께 감사하
라 골 3:12-17

위의 말씀에는 단어 감사가 3번 등장한다. 공동체에서 필
요한 권면의 말씀을 하면서 한 몸, 즉 공동체로 부름 받은 자의
자세가 감사임을 가르친다. 감사의 힘이 어떻게 작용하는지를
알 수 있다.

비판 담은 소리를 감사의 메아리로

우상의 제물과 관련된 메시지에서 핵심은 우상의 제물을
먹는 문제에 대한 것이다. 그런데 이 핵심 메시지 뒤에 우리가
반드시 짚고 넘어가야 하는 주제가 있다. 무엇이 옳고 그른가
를 판단하거나 비판하는 행위에 대한 것이다. 양심과 율법을
갖고 살아가는 인간에게 판단과 비판은 본능이다. 이는 선악
과를 먹은 인간의 운명이기도 하다. 때로는 그 판단과 비판이
필요하지만 이는 공동체를 파괴하는 주된 원인이 되기도 한
다. 교회에서 갈등과 분란이 시작되는 것이다.

이런 판단이나 비판은 대부분 자신의 믿음 부족으로 말미
암아 일어난다. 그래서 바울은 우상의 제물을 먹는 행위에 대

해 다음과 같은 설명을 덧붙인다.

> 내가 말한 양심은 너희의 것이 아니요 남의 것이니 어찌하여
> 내 자유가 남의 양심으로 말미암아 판단을 받으리요 만일 내
> 가 감사함으로 참여하면 어찌하여 내가 감사하는 것에 대하여
> 비방을 받으리요 **고전 10:29-30**

우리가 제사 음식을 먹더라도 감사함으로 먹는다면 그것
은 남에게 비난받을 일이 아니라는 말씀이다. 하나님이 주신
음식으로 믿고 의심하지 않고 먹으면 된다는 말씀과 맥이 통
하는 말씀이다. 의심하는 이유는 하나님의 창조에 대한 믿음
이 부족하기 때문이다. 그 믿음을 감사로 고백할 수 있다면 결
코 정죄받지 않는다. 여기서 비판을 감사로 견디는 지혜를 배
울 수 있다.

로마서 14장은 이와 비슷한 문제를 조금 다른 시각에서 다
루고 있다. 비판과 감사의 상호 역동을 또 다른 차원에서 설명
한다. 고린도전서 10장의 우상의 제물 문제는 우리의 행동이
비판의 대상이 되지 말아야 한다는 교훈을 준다. 반면 로마서
14장은 믿음이 연약한 자의 생각과 행위를 비판하지 말라는
것이다. 믿음이 약해 어떤 음식을 먹지 못하는 사람을 탓하지

말라는 내용이다. 비판은 자기를 기준으로 둘 때 일어난다. 자신이 성숙한 믿음을 가졌다고 해서 남을 비판하는 것은 잘못이다.

그러면서 믿음이 연약한 자를 비판하지 말아야 하는 이유를 감사의 원리를 통해 설명한다. 믿음이 연약한 자도 하나님께 감사하는 마음으로 하는 것이기에 그 감사의 마음은 결코 비난받지 말아야 한다는 것이다.

> 날을 중히 여기는 자도 주를 위하여 중히 여기고 먹는 자도
> 주를 위하여 먹으니 이는 하나님께 감사함이요 먹지 않는 자
> 도 주를 위하여 먹지 아니하며 하나님께 감사하느니라
>
> **롬 14:6**

이 말씀에서 우리는 비난받는 상황에 있더라도 감사 고백만 한다면 상대의 비난을 여유 있게 받아들이며 역으로 그 비난을 물리칠 수 있다는 교훈을 발견한다. 여기서 감사 고백의 영적 위상을 알 수 있다. 감사로 하면 하나님이 무조건 받으신다는 것이다. 하나님이 기뻐하고 인정하신다는 것이다. 그러므로 우리 기준으로 남을 보고 화내고 짜증을 내며 비판해서는 안 된다. 하나님이 받으시면 그것은 해결을 의미하며, 결론이

난 것이다. 하나님의 최종 결론을 듣고 싶다면 감사 고백을 하면 된다.

비난은 상호 발생한다. 그래서 남이 자신을 비난하는 것과 자신이 남을 비난하는 것을 굳이 구분할 필요가 없다. 구분 자체가 어느 한쪽이 옳다는 판단을 전제로 하고 있다. 어느 한쪽이 옳고 다른 한쪽은 틀리다는 가정이 상식이라고 생각할 수 있지만 실제 비난이 일어나는 상황에서는 그 구분이 별 의미가 없다. 시작에서는 누군가가 더 옳다고 할 수 있을지 모르지만 그 뒤에는 각자의 이익이 숨겨져 있어 시시비비를 가리는 것이 크게 의미가 없다. 물론 세상 법은 그 판단을 하겠지만 감사를 통한 해결은 신앙적 해결이기에 법과 다르게 출발한다.

비난하게 되는 경우

"감사함으로 참여하면"(고전 10:30)이라는 표현에서 감사함의 자세가 갖는 기본 힘을 발견한다. 이 상황에서 감사의 마음 역시 상황을 받아들이는 자세다. 그래서 감사의 마음으로 하는 행동은 판단이나 비난을 받지 말아야 한다는 것이다. 이는 제사 음식을 먹는 일에만 국한된 것이 아니다. 모든 일이 그렇다. 남이 보기에 좀 모자라고 부족하고 설사 잘못된 일이라도 감사의 마음과 자세로 한다면 비난받아선 안 된다는 뜻이다. 그리고 비난받지 않게 된다는 뜻이기도 하다.

여기서 우리는 이 감사가 가진 기본 힘을 활용하는 지혜를 배운다. 비난의 상황을 감사로 대응하는 것이다. 비판과 비난은 항상 비판과 정죄의 반응을 일으킨다. 주님이 말씀하신대로다. 남을 헤아리면 도리어 헤아림을 받는다. 물론 좋은 의도로 비판하는 사람도 있는데, 올바르게 해야 한다는 의도일 것이다. 이런 상황에서도 감사는 역시 받아들이는 자세다.

어쨌든 비난이나 비판을 받을 때 감사로 받으면 비난을 멈출 수 있다. 상대방의 의도를 수용했기 때문이다. 감사는 비난을 수용하고 비판을 멈추게 한다. 비판한 사람의 의도가 받아들여졌다고 느끼기 때문이다. 이것이 감사의 효과다. 공동체에서 상호 대화가 갖는 의미를 생각할 때 감사 표현의 대화는 큰의미를 가진다.

비난과 비판에 대한 최고 지혜, 감사의 말

1651년 영국 철학자 토머스 홉스는 그의 역저《리바이어던》에서 '만인의 만인을 위한 투쟁'이라는 유명한 말을 남겼다. 인간 사회의 본질을 꿰뚫어보는 통찰력이다. 인간 모두 각

자의 이기적 동기를 갖고 있어서 불가피하게 상호 갈등과 충돌을 피할 수 없다. 갈등 초기에는 해결을 위해 이성적으로 접근한다. 하지만 상호 이익의 충돌은 대화를 상호 비난과 비방으로 치닫게 한다. 이기심이 충돌하는 인간 사회의 적나라한 모습을 볼 수 있다.

이런 상황에서 법의 중재가 이루어진다고 해도 어느 한쪽은 결과에 불만을 가질 수밖에 없다. 자기 이익이 충족되지 않았기 때문이다. 이 세상에는 이런 사람이 한둘이 아니다. 결국 사회는 불만을 가진 자로 가득 차게 된다. 욕구를 충족시키지 못하는 경우 마음속에 상처와 아픔으로 남아 사회를 향한 분노와 적개심을 갖게 된다.

그리스도인의 삶은 바로 이런 인간의 실존 가운데서 이루어진다. 이 세상은 잘하든 못하든, 혹은 옳게 하든 그르게 하든 비난과 시기와 비방이 난무한다. 논리와 객관성은 인간의 이기심을 확보하기 위한 보조 역할을 할 뿐 공동체의 갈등을 해결하지 못한다. 법이 존재해도 갈등과 충돌로 갈 수밖에 없다. 여기서 믿음의 사람이 명심해야 할 것은 이것이다. 갈등 해결의 전제는 사랑, 양보, 희생, 포용이다. 법이 아니다. 이것에 대해 어떤 토를 달아서는 안 된다.

인간의 이성과 합리성에 근거한 비판은 아무리 옳게 보이고 의도가 순수해도 결코 갈등을 해결하는 기제가 되지 못한다. 오히려 갈등을 악화시키는 촉진제가 된다. 인간의 이성 속에는 선악과의 저주가 숨어 있다. 눈이 밝아져 벗은 것을 알게 되었고, 그 순간 스스로 잘못되었다는 수치심과 죄책감을 느꼈다. 또한 회개하면 되는데 이를 받아들이지 못해 감추거나 억누르면서 상대방에게 그 책임을 전가하는 죄를 범했다.

여기서 비판과 정죄의 메아리를 비판이 아닌 감사로 바꾸어야 한다. 비판에 대해 감사 표현을 하는 것이다. 감사는 정죄받지 않는다. 다시 말해 비판을 잠재운다. "만일 내가 감사함으로 참여하면 어찌하여 내가 감사하는 것에 대하여 비방을 받으리요"(고전 10:30). 감정이 섞인 상대방에 대한 비난을 잠재우는 최고 방법은 그 비난을 "감사합니다!"로 받아들이는 것이다. "유순한 대답은 분노를 쉬게 하여도"(잠 15:1)라는 말씀이 있다. 최고의 유순한 대답이 바로 감사다.

감사 표현은 상대방의 말을 100퍼센트 수용하는 효과가 있다. 비난과 비판을 받으면 감사해야 한다. 비난의 소나기 가운데 살고 있다면 오히려 감사의 말을 해야 한다. 사람의 분노와 복수, 비난의 반응을 촉발하는 비판과 비방의 말을 막아내는 방법은 감사의 말뿐이다.

성경은 "오히려 감사하는 말을 하라"고 권면한다. 이 권면의 앞 내용을 살펴보면 이 세상의 갈등과 비방의 상황을 전제하고 있다.

> 음행과 온갖 더러운 것과 탐욕은 너희 중에서 그 이름조차도
> 부르지 말라 이는 성도에게 마땅한 바니라 누추함과 어리석은
> 말이나 희롱의 말이 마땅치 아니하니 오히려 감사하는 말을
> 하라 **엡 5:3-4**

비난이나 비판으로 무너질 수 있는 공동체를 감사로 세울 수 있다. 상호 대화에서 갈등과 불화로 치달을 수 있는 상황을 마무리하는 것 역시 감사다. 법도 이성도 객관적인 논리도 합리적 시각도 결코 문제 해결의 방법이 되지 못한다. 감사가 정답이다.

타락한 인간성, 감사의 상실

타락의 본질은 감사의 상실이다. 하나님의 형상을 닮은 사람으로 창조된 우리의 마음 바탕이 감사이기 때문이다. 성경은 타락한 인간을 묘사하면서 하나님을 향한 감사 고백이 없다고 지적한다.

하나님을 알되 하나님을 영화롭게도 아니하며 감사하지도 아
니하고 오히려 그 생각이 허망하여지며 미련한 마음이 어두워
졌나니 **롬 1:21**

타락으로 말미암아 감사가 사라진 것이다. 감사의 상실은
현대인의 왜곡된 인간성을 이해하는 열쇠가 되어준다. 이 시
대의 문제는 감사 없음에서 비롯된다. 현대인의 근본 문제는
감사를 모른다는 것이다. 우리는 매일같이 매스컴을 통해 파
괴된 인간성의 모습을 접한다. 유산 때문에 법정 다툼을 벌이
는 형제들, 부모를 살인하는 비정한 자식, 아내를 살인하는 남
편, 남편을 독살하는 아내, 자녀를 학대하거나 살인하고 유기
하는 부모 등 끝이 없다. 이제는 천륜 혹은 인륜이 모래성처럼
부서지는 세상이다. 한동안 매스컴을 달구었던 어금니 아빠의
딸 친구 성폭행 살인 사건, 최근 연예인들의 마약 투약과 성폭
행 등도 망가진 인간성의 증거다. 이런 행동은 모두 감사를 잃
어버림으로써 나타난다.

로마서 1장을 보면 "하나님의 진노가 불의로 진리를 막는
사람들의 모든 경건하지 않음과 불의에 대하여 하늘로부터 나
타나나니"(18절)라는 말씀이 나온다. 이 세상의 타락한 모습을
설명하면서 "하나님을 알되 하나님을 영화롭게도 아니하며 감

사하지도 아니하고 오히려 그 생각이 허망하여지며 미련한 마음이 어두워졌나니"(21절)라며 타락한 이유를 말씀한다. 그리고 성경은 26절부터 타락한 인간의 모습을 열거하고 있는데, 감사를 상실한 인간의 모습을 보게 된다.

> 이 때문에 하나님께서 그들을 부끄러운 욕심에 내버려 두셨으니 곧 그들의 여자들도 순리대로 쓸 것을 바꾸어 역리로 쓰며 그와 같이 남자들도 순리대로 여자 쓰기를 버리고 서로 향하여 음욕이 불 일듯 하매 남자가 남자와 더불어 부끄러운 일을 행하여 그들의 그릇됨에 상당한 보응을 그들 자신이 받았느니라 또한 그들이 마음에 하나님 두기를 싫어하매 하나님께서 그들을 그 상실한 마음대로 내버려 두사 합당하지 못한 일을 하게 하셨으니 곧 모든 불의, 추악, 탐욕, 악의가 가득한 자요 시기, 살인, 분쟁, 사기, 악독이 가득한 자요 수군수군하는 자요 비방하는 자요 하나님께서 미워하시는 자요 능욕하는 자요 교만한 자요 자랑하는 자요 악을 도모하는 자요 부모를 거역하는 자요 우매한 자요 배약하는 자요 무정한 자요 무자비한 자라 그들이 이 같은 일을 행하는 자는 사형에 해당한다고 하나님께서 정하심을 알고도 자기들만 행할 뿐 아니라 또한 그런 일을 행하는 자들을 옳다 하느니라 **롬 1:26-31**

세속적 문화와 왜곡된 인간성

세속적 문화의 핵심은 왜곡된 인간성이다. 이런 사실을 알 수 있는 문화 가운데 하나가 바로 최근 확산된 애완견 문화다. 애완견 문화는 기본적으로 하나님이 창조하신 동물을 사랑하는 것이 중요하고 가치 있는 일이라는 교훈을 말해 준다.

애완견 문화의 급속한 확산은 정서적으로 메마른 삶을 살아가는 사람이 많다는 사실을 말해 준다. 자신을 귀하게 여기고 존중해 주는 존재가 항상 자기 옆에 있다면 메마른 정서에 큰 도움이 된다. 그런 존재를 사랑하지 않을 수 없는 것이다. 그래서 개가 아프면 병원에 데려가고 다치면 수술도 시킨다. 개에게 옷을 입히고 화장도 시킨다. 휴가철에 개를 맡아주는 개 호텔도 생겨나고, 개를 교육하고 돌봐주는 유치원도 생겼다. 외국의 경우 개에게 재산을 물려주는 사람도 있다. 애완견에 대한 끔찍한 사랑에 감동을 받기도 하지만 다른 한편으로는 뭔가 잘못되었다는 느낌을 지울 수가 없다.

교수로 섬기던 학교에서 직접 경험한 일이다. 초여름 저녁, 지역 주민이 애완견을 데리고 학교 운동장으로 산책을 나왔다. 그런데 학교에서 기르던 진돗개가 갑자기 달려들어 그 개의 목을 물어 죽이는 사건이 일어났다. 학교 행정 책임자가 급하게 나와 그 주민에게 사과했다. 그 책임자는 감정적으로 격

분해 있었던 주민의 긴 불평과 분노의 표현을 들어야 했다. 그때 불평의 말이 길어지자 학교 책임자는 '개 한 마리 죽은 것 가지고 뭘 그렇게 유별나게 구느냐'라는 생각을 했던 것 같다. 직접 말은 하지 않았지만 그의 생각이 표정을 통해 전해졌을 것이다. 그의 비웃음을 느낀 개 주인은 정색하며 "웃지 마세요! 지금 나는 상중이에요!"라고 소리쳤다.

애완견의 죽음에 대한 그 주인의 반응에서 인간 못지않게 동물을 사랑하는 마음이 느껴졌다. 그럼에도 뭔지 모르지만 마음 한구석에서 불편한 느낌이 드는 것은 부인할 수 없다. 사람됨의 어느 한 부분을 잃어버린 모습이라는 생각이 들었다. 개를 아끼고 불쌍해하는 그 주민이 쪽방촌 노인들, 길거리 노숙자들, 소년소녀 가장들에 대해 과연 어떤 생각을 갖고 있는지 궁금했다.

어느 교회의 집사님으로부터 들은 이야기다. 갓 결혼한 아들이 여름에 호주 여행을 가면서 자신이 키우던 개를 잠시 부모에게 맡겼다. 호주에 도착한 아들로부터 전화가 왔는데, 그 첫 마디가 "아버지, 개 밥 줬어요?"라는 개 안부를 묻는 인사였다고 한다. 개에게 큰 관심을 가진 그가 부모를 향한 도리나 이웃을 향한 관심을 어느 정도 갖고 있는지 자못 궁금했다.

이런 모습을 왜곡된 인간성이라고 지적하는 것에 대해 애견 문화에 편견을 가졌기 때문이라고 탓할지 모르겠다. 하지만 동물을 사랑하는 최근의 애완견 문화에는 숨겨진 이면이 있는 것도 사실이다. 애완견과 나누는 정서적 교감이 너무 치우쳐 있다는 점이다. 애완견을 통해 얻는 정서적 유익이 자신을 무조건 따르고 순종하고 사랑하며 자신만을 바라보는 경험이라는 점이다. 이는 유명 연예인들이 팬들의 일방적인 환호에서 얻는 경험과 다르지 않다. 그 사랑과 관심이 사라지는 것이 두려워 마약에 빠지고, 그러다가 자신의 목숨을 끊는 비극이 일어나기도 한다.

애완견을 통한 정서적 유익을 통해 상처받은 마음이 치유된다고 해서 건강한 정서 교감을 했다고 말할 수는 없다. 건강하고 성숙한 인간은 아픔도 슬픔도 고통도 겪어야 한다. 어려운 일에 직면했을 때 이겨낼 수 있어야 한다. 받아들이고 직면하고 품을 수도 있어야 한다. 그런 감정을 갖고 살아야 한다. 이것이 균형 잡힌 정서 교감이다. 애완견 문화는 갈등, 아픔, 괴로움, 성가심 등을 균형 있게 주고받지 못한다. 그래서 이기적인 사랑, 즉 자기애를 부추기는 사랑이 되기 쉽다. 싫으면 언제든지 포기하고 내칠 수 있는 것이다. 애완견 문화의 확산과 함께 유기견 숫자가 증가하고 있는 것이 그 증거다.

일찍이 미국의 사회학자 크리스토퍼 래시(Christopher Lasch)

는 *The Culture of Narcissism*(자기애적 문화)에서 자기만 사랑하는 현대문화의 특성을 꼬집었다. 자기애적 경험은 사람들로부터 사랑받지 못하고 상처받은 마음을 달래줄 수 있다. 하지만 그 경험이 성숙한 인간됨의 모습을 왜곡시킬 수 있다는 것을 명심해야 한다.

애완견을 통해 자기 사랑의 욕구를 충족하는 문화를 일방적으로 탓할 생각은 없다. 그러나 우리가 반드시 견지해야 하는 한 영혼을 향한 사랑의 마음과는 큰 거리가 있다. 그런 점에서 한 영혼을 사랑해야 한다는 의미를 다시 성찰해 보게 된다. 말을 안 들어도 사랑해야 하고 잘못되어도 기다리고 용서해야 한다. 타락한 인간성을 회복하려면 자기 사랑의 자리에서 느끼는 내면의 불편한 감정을 스스로 절제할 수 있어야 한다. 그뿐 아니라 그런 부정적 경험을 초래하는 수많은 외부 환경조차도 포용하고 인내하며 나아갈 수 있어야 한다. 오죽하면 주님이 우리의 죄를 위해 십자가에 피 흘리며 돌아가셨을까!

현대인의 인간성 왜곡이라는 문제는 창조 신앙의 관점에서 풀 수밖에 없다. 타락한 인간의 성품을 다루어야 하는 것이다. 그 핵심이 바로 감사의 회복이다.

불의함에 도전하는 감사

"모두 받아들이겠습니다"

타락한 세상을 받아들이는 감사의 힘

감사의 힘은 받아들일 수 있는 능력에 있다. 사람은 기본적으로 좋은 것을 받으면 감사하다고 표현한다. 좋음에도 좋다고 제대로 표현하지 못하는 주변머리 없는 사람도 많다. 그런데 마음이 건강한 사람은 좋은 것뿐 아니라 나쁜 것도 받아들인다. 사실 세상은 우리에게 우호적이지 않은데, 그 악하고 험난한 세상을 받아들일 수 있다면 정말 대단한 일이다. 이런 세상을 받아들일 때 엄청난 보상이 이루어진다. 이 험악하고 해를 끼치는 세상을 받아들이는 힘은 바로 감사 고백에서 나온다.

감사 원리 제1조는 하나님이 창조하신 우주 만물을 공짜로 받은 것에 대한 감사였다. 이 감사 고백은 생육하여 번성하고 땅에 충만한 삶을 살아가는 능력을 공급해 준다. 주어진 것을 마음껏 즐기고 누릴 줄 아는 능력이다.

지금 우리가 살아가는 이 세상은 타락 이전의 세상과 다른 타락한 이후의 세상이다. 타락으로 말미암아 징계를 받은 세상이다. 그래서 살아가기에 힘들고 어려운 열악한 환경인 것이다. 힘들고 지치고 곤하고 어렵게 살아갈 수밖에 없는 운명적 아픔이 있는 세상이다. 회피하고 싶고 거절하고 싶은 세상이다. 이런 세상을 어떻게 살아가야 할까? 어렵지만 받아들이면 된다. 그러면 살기가 쉬워진다. 이런 사실을 알고 있음에도 받아들이기가 어렵다. 타락한 세상을 받아들이는 힘은 감사에서 나온다. 감사한 마음으로 받아들이면 이 험악한 세상에서 놀라운 복을 누리며 살아갈 수 있다.

하나님을 향한 반항, 타락한 세상을 살아가는 모습

자녀들이 자라면서 사춘기를 겪는다. 이 시기에는 뭘 물어봐도 대답을 잘 안 한다. 그러다 화가 나면 문을 쾅 닫고 자기 방에 들어가 꼼짝도 안 한다. 어려서는 아빠가 이야기하면 고분고분 듣던 아이가 말대꾸까지 한다. 공부 좀 제대로 하라고 야단을 치면 정색한 뒤 이렇게 쏘아붙인다.

"엄마가 나를 위해 해준 게 뭐 있어?"

세상에 아무리 못돼 먹어도 그렇지… 자식에게 배신감을 느끼지 않을 수 없는 순간이다. 어느 날은 기분 나쁘다고 집을 나가버린다. 화가 난 아빠는 집에 들어오지 못하게 하라고 한다. 돌이켜보면 엄격한 아버지 밑에서 자란 영향도 있는 듯하다. 어릴 적 아이에게 아버지는 영웅이었는데 사업이 힘들어져 고민하고 실패한 아빠의 모습에 실망감도 있는 것 같다. 그런 아버지가 무조건 윽박지르기만 하니 아들의 마음에 반항심이 생길 만도 하다.

사춘기 아이처럼 우리도 하나님께 실망하고 대드는 때가 있다. 아담과 하와가 하나님의 징계로 주어진 이 세상의 모든 환경과 결과를 대하는 자세가 사춘기 아이들의 모습과 닮아 있다. 힘든 세상을 살면서 때로는 하나님께 이런 투정을 부릴 때가 있다. "좋으신 하나님이 어찌 저에게 이런 환경을 허락하셨습니까? 불공평합니다. 억울합니다. 힘듭니다. 받아들일 수 없습니다." 어쩌다 일어난 사건 하나가 잘못된 것이 아니다. 이 세상의 꼴이 그렇다. 제대로 돼먹지 못한 세상이다. 억울한 일이 있어도 호소할 데도 없고 되돌릴 방법도 없다.

선악과를 따 먹은 아담과 하와를 향한 하나님 징계

약속의 하나님은 에덴 동산에서 아담과 하와가 선악과를 따 먹은 사실을 확인하신 뒤 뱀과 하와 그리고 아담을 징계하신다. 징계는 뱀과 하와, 아담이 살아갈 세상의 모습과 그 세상에서 살아가게 될 삶의 모습에 대한 것이다. 징계로 주어진 험난한 세상의 환경에 대처해 극복하고 살아가는 기본자세 역시 감사다.

하나님이 징계하신 내용을 요약하면 이렇다. 뱀에게는 배로 다니면서 사는 동안 흙을 먹으라고 하셨다. 하와에게는 임신의 고통과 해산의 수고, 남편을 평생 바라며 살되 남편의 다스림을 받을 것이라고 말씀하셨다. 그리고 아담에게는 먼저 땅을 저주하면서 가시덤불과 엉겅퀴를 낼 것이라 하시고, 그 저주받은 땅에서 평생 땀을 흘려야 소산물을 먹을 것이라고 하셨다.

이 징계는 지금 우리가 살아가는 세상의 모습 그대로다. 지치고 힘든 모습으로 살아가고 있는 인간의 모습을 보여준다. 지금 이 세상은 이 징계가 더 악화된 것 같다. 임신의 고통과 해산의 수고가 더 심해지고 있다. 애를 낳지 않으려는 문화는 역으로 해산의 고통을 정신적으로나 육체적으로 가중시킨다. 아내는 남편과의 관계가 갈수록 어렵고 부부 사이가 더 삭막해지면서 이혼이 쉽게 이루어지고 있다.

어떤 사람은 땀 한 방울만 흘리고도 높은 대가를 받지만 어떤 사람은 땀을 한 바가지 흘려도 제대로 보상받지 못한다. 불공평한 세상이다. 때로는 같은 양의 땀을 흘렸는데도 대가의 차이가 심하다. 흙수저와 금수저로 취급받기도 한다. 이 세상이 그렇다. 남성은 평생 일만 하면서 열심히 돈을 벌다가 일생을 마감한다. 그 평생의 수고와 공로를 가족조차 몰라줄 때도 있다. 흙으로 돌아가는 것이 인간의 운명이라지만 흙으로 돌아가기 바로 직전까지 육신의 병과 노화에 따른 심신의 고통을 당한다.

하나님이 내리신 땅에 대한 저주의 말씀은 지진, 대기 오염, 폭풍과 홍수, 기근, 바다 오염, 화산 폭발, 빙하가 녹음으로 인한 해수면 상승 등 심각한 자연 이상 현상을 떠올리게 한다. 지구를 떠나고 싶다는 말이 나올 법한 세상이다.

험악한 세상을 대하는 자세, 감사

이런 환경과 운명 속에서 살아가는 인간에게 감사 고백은 어떤 의미가 있을까? 징계가 내려진 세상이지만 우리가 이 세상에서 살아간다는 것이 은혜다. 하나님은 타락한 인간이 하나님과 다시 연결되고, 영적 생명을 얻어 살아갈 수 있는 은혜의 기회를 주셨다.

징계로 주어진 세상을 살아가는 자세는 둘 중 하나다. 비록 징계받은 세상이지만 이 세상을 받아들이고 사느냐, 아니면 불평을 늘어놓으면서 거부하고 대적하며 사느냐. 징계의 결과를 피할 길은 없다. 인간의 숙명이다. 그 어려움과 고통을 피할 수 있는 비법도 존재하지 않는다. 그렇다면 징계의 결과를 온전히 받아들인 채 인생을 살아내는 것이 지혜다. 따라서 힘악한 세상을 향한 감사 고백은 이 부당한 세상을 받아들이겠다는 마음의 표현이다. 더불어 지내면서 살아가겠다는 포용의 자세. 포용한다고 해서 세상처럼 부당하게 살아가겠다는 뜻은 아니다.

우리에게는 이 힘든 세상을 넉넉하게 살아갈 만한 능력이 없다. 하나님의 준엄한 징계 아래 닥치는 숱한 인생의 문제를 해결할 능력도 부족하다. 하지만 이 어려운 세상을 담대하게 받아들이는 마음의 자세를 가질 수는 있다. 그 마음이 바로 감사다.

감사는 이 척박한 세상을 넘어서는 힘으로 드러난다. 세상을 받아들이게 되면 세상과 크게 충돌하지 않기 때문이다. 부딪치고 원망하고 불평하며 자신이 가진 힘을 쓸데없이 낭비하지 않으면 힘이 남는다. 감사가 아니면 이 세상을 살면서 분노와 불평, 원망, 저주밖에 나올 것이 없다. 하지만 받아들이는 순간 미움과 증오가 누그러지고, 원망과 불평이 조금씩 사그라든다. 깨달음이 있고 배움도 있다.

고난을 통해 주의 율례를 배웠다는 다윗의 고백이 가슴을 저며 온다. 이 세상을 받아들일 때 우리는 척박한 환경도 하나님이 우리에게 주시는 복을 위한 은혜의 수단으로 사용하시는 기적을 경험할 수 있다.

얼마 전 TEDS 강의를 통해 미국에서 살고 있는 중국인 지아 장(Jia Jiang)의 고백이 담긴 동영상을 보고 큰 도전을 받았다. 그는 여섯 살 때 학교 선생님으로부터 받은 거절감이 자기 삶을 억압하고 있음을 깨닫고 그 감정을 극복하기 위해 사용한 방법을 소개했다. 그는 거절당할 만한 100개의 질문을 준비해 직접 실천했다고 한다. 맥도날드에 가서 햄버거를 먹고 나서 "리필해 줄 수 있는가?"라는 질문은 거절당할 것이 뻔하다. 그런데 그는 그 뻔한 거절의 대답을 들은 뒤 남과는 다른 행동을 보였다.

사람들은 보통 엉뚱한 질문 자체를 하지 않는다. 그리고 엉뚱한 질문을 한다고 해도 대부분 엉뚱한 질문에 대한 대답을 들으면 그럴 줄 알았다는 듯이 대화를 끝낸다. 하지만 지아 장은 그 대답을 듣고 나서 또다시 질문을 한 것이다. 그러면서 그는 놀라운 경험을 하게 된다. 거절당한 뒤에도 물러서지 않고 또다시 이유를 물으면 자신의 이야기를 할 수 있는 기회가 주어지기도 하고, 자신의 엉뚱한 제안이 받아들여지기도 한다는 사실을 경험하게 된 것이다. 엉뚱한 질문이지만 그것을 통해 상대방의 반응을 이끌어낼 수 있었고, 때로는 동의를 받아낼 수 있었다.

지아 장은 자신이 거절당할 수 있는 상황에서 회피하거나 도망가지 않았다고 강조했다. 즉 거절의 상황을 받아들인 것이다. 거절감을 받아들이자 그 감정을 다룰 수 있는 기회와 힘이 주어졌다. 지아 장처럼 부정적인 상황이나 감정을 받아들이는 최고의 방법이 바로 감사다.

부당한 세상 앞에서 무너지지 않는다

그렇다고 감사 고백이 하나님의 징계로부터 완전히 벗어나 별천지에서 살게 해주는 것은 아니다. 타락으로 말미암아 징계받은 세상에서 그대로 살아가야 한다. 주님 오실 때까지 불순종 때문에 이 세상에 내려진 하나님의 징계 결과는 달라지지 않을 것이다. 새 하늘 새 땅이 이루어질 때까지는 이 세상을 피할 수 없다.

사람의 인생 모습은 각각 다르다. 태어난 환경과 집안이 다르며, 주어진 달란트와 체질도 다르다. 능력에서도 차이가 난다. 흙수저도 있고 금수저도 있다. 이런 다름을 차별로 생각하고 억울한 눈으로 바라본다면 이 세상은 원망과 불평의 대상일 뿐이다. 비교와 계산의 눈으로 보면 이 세상은 결코 감사할 대상이 아니다.

사실 이 세상은 원망하고 불평할 만한 곳이다. 불공평하고 부당한 일이 너무나 많다. "유전무죄 유전무죄"라는 말이 이 세상의 모습을 설명해 준다. 하지만 이런 세상을 받아들이지 못한다면 우리는 한순간도 제대로 살 수가 없다.

우리는 이 세상을 받아들여야 한다. 징계 가운데서도 하나님의 섭리가 있음을 믿어야 한다. 누리며 살아가기만 하는 낙원은 이미 존재하지 않는다. 어렵고 힘들고 부당하고 왜곡된 세상에서 살아가면서 우리가 보여주어야 할 것이 있다. 아니 하나님이 우리에게 기대하시는 바가 있다. 우리의 변화를 통한 이 세상의 변화다. 어찌 보면 변화의 요구 속에 하나님의 존재가 증명되는지도 모른다. 살다 보면 실패도 하고 좌절도 한다. 원치 않는 고난도 있으며 상상치 못한 비극적 사건을 경험하기도 한다. 그것 모두를 받아들이면 된다.

받아들이는 것은 감사로 가능하다. 감사할 때 받아들일 수 있는 마음 문이 열린다. 신기하게도 거절하거나 부인하려는 생각이 사라진다. 그 모든 사건과 상황 속에 숨겨진 하나님의 뜻을 발견하게 된다. 그러면 하나님의 섭리를 성취할 길이 열린다. 감사의 기적이 시작되는 것이다.

2014년 북한에 억류되었던 케네스 배 선교사가 2년 만에 풀려났다. 그는 북한을 15차례나 드나들면서 북한 사람들을 도와준 선교사다. 그런데 북한의 가난과 배고픔을 위해 기도한 동영상 때문에 북한 체제를 전복하려는 죄를 저질렀다고 노동교화형 15년을 선고받았다.

풀려난 뒤 그는 미국 TV와 인터뷰를 했다. 사회자가 힘든 노동교화형을 어떻게 버텨냈는지 물었다. 그는 매일 거울을 보면서 노동교화형을 복으로 생각하며 지냈다고 대답했다. 육체적 고통을 좋아하고 포용할 사람은 없지만 자신의 믿음을 증거하는 기회가 되었고, 북한의 실상을 알리는 기회가 된 것을 복이라고 생각하며 지냈다는 것이다. 이는 억울하고 처참한 결과를 받아들이는 고백이다. 어려운 고백이지만 감사는 이것을 가능케 해준다.

세상에 도전하기 위한 준비

창조적인 사람은 미래를 예측하는 사람이 아니라 미래를 만들어가는 사람이라고 한다. 감사는 미래를 만든다. 하나님의 뜻에 따라 차곡차곡 엮어 간다. 세상을 받아들이고 새롭게 바꾸어 보겠다는 야무진 결단은 이 세상을 받아들이느냐 받아들이지 않느냐의 선택 다음에 나오는 문제다. 이 세상을 그대로 받아들이며 새롭게 바꾸어 보겠다는 행동과 세상을 거부하고 불평하는 마음을 가지고 바꾸려는 행동의 결과는 확연히 다르다. 전자는 사랑으로 접근하는 것이고, 후자는 미움과 증오와 비판으로 접근하는 것이다. 미움과 증오는 공기의 저항을 안고 바람을 맞으며 달리는 것이고, 사랑은 바람이 부는 방향을 따라 바람을 등지고 달리는 것이다.

작가인 길버트 체스터톤(Gilbert K. Chesterton)은 "받아들임은 인류와 함께 공존해 온 가장 진실한 연대감이다"라고 말했다. 인간은 보통 윤리나 도덕적 기준으로 받아들일 것과 아닌 것을 구분한다. 범죄자와 결탁한 경찰, 권력과 타협하는 법관, 돈만 아는 의사, 삯꾼 목사, 수십만 명을 학살하는 인종 청소, 불합리한 정치제도, 불공정한 거래 규약 등은 받아들일 수 없는 것이다. 어디 이것뿐이겠는가! 이 세상을 들여다보면 온통 악으로 둘러싸여 있음을 알 수 있다.

이런 세상을 받아들인다고 해서 악한 행동을 인정한다는 것은 아니다. 동의하는 것도 아니다. 우리가 살아가고 있는 이 세상을 있는 그대로 받아들인다는 것이다. 이미 주어졌기 때문이다.

우리는 이 모든 것을 해결할 능력을 갖추지 못했으며, 악이 판치는 세상이라고 손가락질하며 비판한다고 해서 달라지는 것도 없다. 세상을 바꾸는 데 도움이 되지도 못한다. 곰곰이 생각해 보면 우리 자신도 그런 불의와 부정의 한구석을 차지하고 있음을 솔직하게 인정하지 않을 수 없다. 세상을 향한 자신의 비판과 손가락질이 어처구니없는 교만한 행동이었음을 깨닫고 고개를 숙일 수밖에 없다.

이렇게 자신과 세상이 별반 다르지 않음을 깨달을 때 감사 고백이 따라 나온다. 이 세상 사람의 불완전함과 부족함, 추함, 악함 등을 이해하게 된 것에 감사한다. 이 세상에 태어나 살아가면서 가정과 학교, 사회로부터 감당하기 어려운 부당함과 불의를 통해 상처받은 피해자일 수 있음을 이해한다. 그리고 우리 자신도 그들처럼 죄악 된 모습으로 서 있음을 깨달으며 감사한다.

나 역시 그들이 처한 환경과 다르지 않게 살아온 것에 감사하다. 이런 환경과 어떻게 거리를 두어야 하는지 깨닫는 지혜를 갖게 된 것도 감사하다. 자신이 할 수 있는 것이 무엇인지, 또 해야 하는 것이 무엇인지에 초점을 맞추고, 이를 위해 작은 에너지와 관심을 쏟을 수 있어서 감사하다. 무엇보다도 받아들일 때만 변화의 시작이 가능하다는 것을 깨닫게 된 데 감사하다. 사람의 변화도 그렇다. 야단을 치고 율법을 가르친다고 해도 아이들은 부모에게 받아들여지고 용서받지 않으면 변화되지 못한다. 이것이 잘못을 저지르는 아이들을 용서해야 하는 이유다.

이 세상을 바라볼 때 여러 마음이 든다. 애통해 하는 마음, 안타까운 마음, 사랑하고 싶은 마음, 돌보고 싶은 마음, 새롭게 바꾸고 싶은 마음 등. 이 모든 마음을 상황마다 적절하게 느끼기 위한 시작의 클릭이 바로 감사의 마음이다.

살다 보면 힘들게 마련이다. 노력해도 결과물이 보이지 않기도 한다. 실패와 좌절을 겪는다. 희망이 보이지 않는다. 힘도 빠진다. 불평과 원망을 쏟아내고 싶다. 더러운 세상이라 욕하고 목소리를 높이고 싶다. 더 살아야 할 이유를 찾을 수 없을 때도 있다. 그래도 세상은 눈 하나 깜작하지 않는다. 그러면 야속하고 원망스러운 마음이 들어 모든 것을 때려치우고 싶다는 생각이 들기도 한다. 이때 자신이 처한 상황을 받아들이면 신기하게 세상을 이길 힘이 생겨나기 시작한다. 그 시작이 감사 고백이다.

엄청난 원망의 대상이던 것이 더는 문제가 되지 않는다. 참으로 신기하다. 오히려 그 대상을 위해 무엇을 할 수 있는지 찾게 된다. 자신이 가지고 있지 않은 것이 아니라 가진 것에 관심을 두고 눈길도 간다. 마음이 움직이기 시작하는 것이다. 문제를 극복하기 위한 힘이 자신에게 있다는 사실이 놀라운 깨달음으로 다가온다. 자신만 불행한 것 같고 자신만 잘못되는 것 같은 자기연민의 마음에서 빠져나온다. 자신보다 더 불행한 사람이 많다는 사실에 한편으로 위로를 받는다. 그리고 감사하게 된다.

불의한 세상을 바꾸는 감사의 힘

정의로운 마음만 가지고는 결코 불의한 세상을 이길 수 없다. 일단 받아들여야 극복할 수 있다. 수용하지 못하면 악에 받쳐 쓰러지고 만다. 매에 장사가 없듯 세상의 부당함에 정의로만 맞설 수 없다. 그렇게 하기에는 악의 힘이 너무 크다. 주님은 세상의 악을 받으셨다. 그러나 악과 섞일 수 없어 악에 대한 대가를 치르고 죽으셨다. 주님도 악을 무찌르신 것이 아니다. 죽으심으로 대가를 치르셨던 것이다. 이것이 십자가의 원리가 사랑이라고 말하는 이유다.

강하고 좋은 활은 화살을 똑바로 멀리 날려 보낸다. 시위에 탄력이 있어야 하고, 그 활을 힘차게 당겨 탄력을 실어주어야 한다. 악한 세상에 대한 불평과 비판은 결코 좋은 활이 아니다. 화살은 날아가는 반대 방향으로 힘껏 잡아당길수록 멀리 날아간다. 여기에 묘한 진리가 담겨 있다. 불의를 비판하고 원망하는 것이 아니라 그대로 받아들일 때 이 세상을 바꾸고자 하는 목표를 이룰 수 있다. 감사는 활을 뒤로 당기는 것처럼 이 세상의 잘못된 것들을 이해하고 수용하는 마음이다. 뒤로 많이 당길수록 앞으로 더 많이 나아가듯, 세상을 더 많이 이해하고 수용할수록 감사의 힘은 커진다.

이 험악한 세상은 우리가 인생 학교를 다니면서 풀어야 할 시험문제다. 쉽지 않은 시험문제가 주어진 것뿐이다. 너무 어려운 문제라고 불평하거나 거부할 것이 아니라 자신에게 주어진 문제임을 받아들이고 그 문제를 풀기 위해 열심히 노력해야 한다. 그것이 감사다. 바울은 이렇게 말한다.

그러므로 사랑을 받는 자녀같이 너희는 하나님을 본받는 자가 되고 그리스도께서 너희를 사랑하신 것같이 너희도 사랑 가운데서 행하라 그는 우리를 위하여 자신을 버리사 향기로운 제물과 희생제물로 하나님께 드리셨느니라 음행과 온갖 더러운 것과 탐욕은 너희 중에서 그 이름조차도 부르지 말라 이는 성도에게 마땅한 바니라 누추함과 어리석은 말이나 희롱의 말이 마땅치 아니하니 오히려 감사하는 말을 하라 **엡 5:1-4**

"오히려 감사하는 말을 하라"는 구절을 다시 보라. 이 구절의 앞에 나온 내용은 이 세상을 살아가는 인간의 형편없는 모습을 보여준다. 세상의 유혹을 받고 살아가는 모습인 것이다. 음행, 탐욕, 누추함, 어리석은 말, 희롱의 말은 세상을 닮고 세상을 좇아가는 말이다. 묘하게도 이 불의한 세상과 함께 가는 사람들이 불평과 원망의 말을 쏟아내는 것을 본다. 타락의 길로 갈 뿐이다.

그렇다. 세상의 유혹과 죄악으로부터 자유롭기 위해서는 불평부터 버려야 한다. 원망하는 마음이 없어야 한다. 비난과 조롱을 멈추어야 한다. 오히려 감사의 말을 해야 한다. 그래야 바른 목표에 초점을 맞출 수 있다. 이 세상을 바르게 살아갈 수 있는 목표가 세워진다. 감사 고백이 이 목표를 바르게 바라보도록 해준다.

바울은 골로새 교회의 성도들을 향해 "감사함을 넘치게 하라"(골 2:7)고 권면했다. 감사함이 흘러넘칠 때 이 세상의 불의를 씻어버릴 수 있다. 감사 고백은 태풍과 홍수가 땅 위의 모든 더러운 것을 쓸어버리듯 우리 안의 모든 추악한 것을 깨끗하게 쓸어버린다.

다시 일어나는 감사

"다시 시작하겠습니다"

    대학에 들어간 아들은 일 년 동안 정신 못 차리고 놀며 돌아다녔다. 세상의 온갖 자유를 만끽하며 사는 것 같았다. 그러던 아들이 졸업을 일 년 앞두고 무척 어른스러워졌다. 방학 때 알바도 하고 학점도 제법 신경을 쓰는 것 같다. 졸업 후 진로도 진지하게 고민한다. 자기 삶의 모든 결과가 자기 하기 나름이라는 사실을 깨달은 것 같다. 험악한 이 세상에서 바르게 살아갈 책임이 다른 누구에게 있는 것이 아니라 자기 자신에게 있음을 뼈저리게 느낀 것이다. 때로는 부모와 의논도 하고 부모의 말에 귀도 기울이는 지혜를 얻은 것 같다. 하나님 앞에 제대로 서 가는 모습이 보인다.

우리에게 주어진 백지 한 장, 감사 고백

초등학교 때 미술 시간이 생각난다. 이번에는 잘 그려 보겠다고 다짐하지만 번번이 제대로 그리지 못했던 기억이 떠오른다. 실력이 모자란 탓도 있었지만 늘 다시 그리고 싶다는 생각이 들곤 했다. 하지만 수업 마치는 종이 울릴 시간이 얼마 남지 않았다. 마지막 도화지가 남아 있지만 '혹시 그것마저 잘못 그리면 어떡하나, 그래도 다시 한 번 그려 보고 싶은데…' 하고 고민하며 망설이다가 결국 수업시간 종료 벨이 울렸던 기억이 생생하다.

어느 날 우리에게 인생 백지 한 장이 더 주어진다면 어떻게 될까? 다시 살아 보라고, 인생의 그림을 한 번 더 그려 보라고 말이다. 실패했고 너무 늦었다 싶은 인생이었는데 또 한 번의 기회가 주어진다면 당연히 새로운 그림을 그려 보겠노라고 다짐할 것이다.

우리 삶에 항상 주어지는 새로운 백지 한 장이 있다. 감사 고백이다. 하루를 위한 백지장도 있고 우리 인생 전체를 위한 백지장도 있다. 감사로 시작하는 삶은 그 순간부터 새로운 백지 한 장이 주어지는 삶이다. 우리 삶이 항상 성공적일 수는 없다. 결과에 늘 만족할 수 있는 것도 아니다. 좋은 일이 있고, 기대가 이루어지면 감사가 자연스럽게 나온다. 그런데 좋은 날만 계속되지 않는다. 나쁜 날도 있고 바라던 바가 이루어지지 않는 날도 있다. 전혀 생각지도 못했던 사건이 우리를 사망의 음침한 골짜기로 몰아넣는 날도 있다.

감사하자. 자신이 처한 상황에 실망과 좌절의 마음을 부인하지는 못해도 의지적으로 감사를 고백하자. 성경은 "범사에 감사하라"고 권면한다. 감사하고 또 감사하고 또다시 감사하고 항상 감사가 입에서 떠나지 않게 해야 한다. 그때마다 삶의 백지 한 장씩이 주어진다. 우리는 매주 예배를 드린다. 반복해서 드린다. 예배는 감사 고백의 기회다. 미술 시간마다 빈 도화지가 주어지는 것과 같다. 한 장이 아니라 여러 장이다. 잘못 그려도 다시 새 종이에 그릴 수 있다. 다시 그리는 한 실패가 있을 수 없다.

다시 시작함

다시 시작한다는 것은 행동으로 옮긴다는 뜻이다. 머리로만 생각하는 것이 아니라 하나를 알면 그것을 반드시 행동에 옮기는 것이다. 둘을 알 때까지 기다리지 않는다. 이는 감사 고백이 주는 힘이다.

인생을 살면서 접하는 다양한 상황에서 내뱉는 감사 고백이 영적 추진력을 만들어낸다. 아무것도 남지 않은 상황에서

"감사합니다! 다시 시작하겠습니다"라고 외칠 때 기적처럼 움직이고 일어나 발걸음을 내디딜 수 있는 힘이 생긴다.

"세상에서 가장 사랑받는 사람은 모든 사람을 칭찬하는 사람이고,
가장 행복한 사람은 모든 것에 감사하는 사람이다."

《탈무드》에 나오는 말이다. 창조 신앙을 갖추면 모든 것에 감사할 수 있다. 행복한 이유는 어떤 상황 아래서도 대응할 수 있는 분명한 인생 전략을 갖고 있기 때문이다. 어떤 시험을 치르든지 그때마다 정답을 알고 있다면 그것보다 신나는 일이 어디 있겠는가! "범사에 감사하라"는 복된 삶의 영적 비결 제1조다.

감사는 오뚝이 인생을 사는 방법이다. 어떤 식으로 어느 방향에서 공격을 받아도 감사만 하면 다시 일어날 수 있다. 컴퓨터에 문제가 생겼을 때 재부팅하면 다시 시작할 수 있는 것과 같다. 살다 보면 후회, 불평, 불만, 자기 주장, 경쟁 등 마음속의 수많은 생각이 우리를 힘들게 한다. 오늘 자신의 삶이 엉켜 혼란스럽다면 감사로 재부팅하면 된다. 깨끗한 백지 상태에서 다시 시작할 수 있다. 부정적 생각에 사로잡혀 있으면 쳇바퀴 돌듯 시간만 낭비하게 된다. 감사는 그 해로운 생각을 없애버

리고 백지를 준비해 새로운 그림을 그릴 수 있게 해준다.

다음은 감사 고백을 돕는 말이다. "호흡이 있다면 감사하라." "걸어 다닐 건강이 있다면 감사하라." "살아서 움직여 할 일이 있다면 감사하라." 호흡하는 것, 걸어 다니는 것, 살아서 움직이며 할 수 있는 모든 것을 기쁜 마음으로 최선을 다해야 행복할 수 있다. 마음을 다할 수 있기 때문이다. 우리는 어쩔 수 없이 할 때가 많다. 억지로 할 때도 있고, 적당히 하기도 한다. 이는 마음을 다하지 못하는 것이다.

절망해 본 적이 있는가? 절망을 박차고 일어날 수 있는 기폭제가 감사다. "감사합니다. 다시 시작하겠습니다." 적어도 다시 시작할 수 있다는 자체가 감사할 일이다. 인생이 끝장나지 않았다는 말이다. 아니 새롭게 시작하겠다는 의지의 결단이다.

용수철처럼 다시 시작할 수 있는 힘은 절망의 상황을 감사함으로 받아들일 때 생겨난다. 하나님 아버지와의 관계가 단절되었고, 에덴동산에서 쫓겨났고, 대화도 끊겼다. 이때 유일한 길은 하나님이 가르쳐 주신 제사다. 그대로 따르면 된다. 감사 고백의 기회인 것이다.

타락한 인간에 대한 하나님의 징계와 가죽옷

아담과 하와는 선악과를 따 먹은 뒤 눈이 밝아져 벌거벗은 것을 부끄러워했다. 그래서 무화과나무 잎으로 치마를 만들어 자신들의 몸을 가렸다. 하나님은 그런 아담과 하와, 그들을 유혹한 뱀을 징계하시고 아담과 하와에게 가죽옷을 지어 입히셨다. 무화과나무 잎으로 만든 치마가 소용없었기 때문이다.

가죽옷은 징계가 내려진 이 세상에서 힘든 인생을 살아가는 데 있어 유일한 생명줄이다. 하나님은 그분과 올바른 관계를 다시 시작할 기회를 만들어주신 것이다. 그 관계 회복의 핵심이 감사의 회복이다. 타락한 인간이 하나님과의 관계 회복을 통해 생명을 가진 자로 다시 살아갈 수 있도록 취하신 조치다. 타락 이전의 풍요로운 삶을 영위할 수 있는 유일한 방법이다. 영적으로 타락한 인간에게 있어 하나님과의 관계 회복은 그분 앞에 나아가는 기회가 주어지는 것이다. 이것이 제사다. 하나님이 가죽옷을 지어 입히신 것은 그분과의 교제를 회복하는 제사를 뜻한다. 한 마디로 제사를 통해 감사를 회복하라는 것이다.

타락한 인간이 하나님과의 교제를 회복하기 위한 제사 드림의 뜻을 구체적으로 살펴보자. 그 뜻을 확인하려면 선악과를 따 먹은 결과를 전체적으로 살펴야 한다. 첫째, 아담과 하와는 선악과를 따 먹은 뒤 자신의 벗은 몸을 보고 두려운 마음이 들었다. 둘째, 그들은 무화과나무 잎으로 치마를 엮어 자신의 몸을 가렸다. 셋째, 하나님은 그들에게 가죽옷을 지어 입히셨다. 이 세 가지 내용을 연결하면 가죽옷과 관련된 감사의 의미를 발견할 수 있다.

선악과를 따 먹은 뒤 자신의 몸을 보고 두려워함

성경은 아담과 하와가 선악과를 따 먹기 전에는 자신들의 벗은 모습을 부끄러워하지 않았다고 말씀한다. 따 먹고 나서 부끄러워했는데, 이는 선악과를 먹고 몸이 변해 부끄러워한 것이 아니었다. 성경은 "눈이 밝아져"라고 말씀한다. 자신의 몸을 바라보는 눈이 바뀌어 자기인식이 달라진 것이다. 선악과를 따 먹음으로써 인식의 변화가 일어났다.

자기인식이 없었는데 어떻게 생겨난 것일까? 자기인식은 있었는데 부정적으로 변한 것은 아닐까? 어느 쪽이든 아담과 하와가 자신들의 벗은 몸을 부끄러워한 것은 자기인식의 결과가 부정적이었음을 부인할 수 없다. 자신의 모습을 가리고 싶은 생각이 들 만큼 부족하거나 불만족스럽게 여겼다는 것이다. 하나님도 인간을 만드시고 아무 말씀을 하지 않으셨다. 그런데 부정적으로 생각하게 되었다니 타락한 인간의 본성이 어떤지를 말해 준다. 타락한 인간은 아무리 자신의 모습을 정확하게 인식하고 깊이 있게 성찰한다고 해도 긍정적일 수 없다.

인간은 선악과를 먹음으로써 자기의 벗은 몸을 인식하게 되었고, 선악도 알게 되었다. 이 두 가지는 한 사건의 결과이니만큼 연결해 생각해야 한다. 선악을 알게 되었다는 것은 인간의 능력이 더 나아졌다는 것을 뜻한다. 나아졌다고 해서 꼭 좋다고 말할 수 있는 것은 아니다. 하지만 적어도 인간의 능력이 향상된 것은 사실이다. 21세기 학문과 과학 발전의 결과를 보면 이는 분명한 사실이다.

아담과 하와는 선악과를 따 먹고 지적 능력이 향상되었지만 자신의 벗은 몸을 알게 되면서 두려워하는 마음을 갖게 되었다. 이는 부정적 결과다. 여기서 한 가지 의문이 생긴다. 타락 이전에 창조된 그대로의 벗은 상태를 완벽하거나 온전한 것으로 봐야 할까?

하나님이 만드신 세상이 보기에 좋았다고 해서 벗은 상태가 완벽하다고 봐야 하는 것은 아니다. 비록 타락 이전이지만 벗은 상태는 부족한 상태일 수도 있다. 성경은 천사보다 조금 못하게 지으셨다고 말씀하지 않는가. 부족한 것은 나쁜 것도 잘못된 것도 아니다. 부족한 상태가 문제가 되는 것이 아니라면 부족해도 괜찮다. 아이들이 그렇다. 어린아이들은 지적 능력, 판단력, 신체적 발달 상태 등 모든 면에서 부족하지만 문제가 되지 않는다. 다만 그 부족함이 하나님을 의지하는 이유가 되어야 한다. 아이들이 부모를 의지하는 것이 자연스럽고 건강한 모습인 것과 같다. 한 마디로 하나님과 연결되어 있는 한 온전하다. 그렇다면 인간은 타락 이전에는 온전했다.

인간의 부족한 모습과 창조 세계 전체의 온전한 모습은 창세기 1장에 분명히 나타나 있다. 성경에 보면 하나님은 6일 동안 세상을 창조하고 나서 "보시기에 좋았더라"고 말씀하셨다. 하지만 인간을 만드시고 나서는 "하나님이 보시기에 좋았더라"는 말씀이 없다. 인간을 만드시고 나서 인간을 포함한 우주 만물 전체를 보며 "하나님이 보시기에 좋았더라"(창 1:31)고 말씀하셨다. 즉 인간 자체는 불완전할 수 있지만 인간과 자연이 함께 존재하는 모습, 하나님이 정하신 질서 속에 존재하는 모습은 좋았던 것이다.

아담과 하와가 자신의 벗은 몸을 두려워한 것은 자신만의 모습을 보았기 때문이다. 하나님과 단절된 상태에서 나타난 자기인식의 결과다. 하나님과의 관계성이 단절되었고, 자연과의 조화로운 관계 속에서 자신을 보지 못한 것이다. 하나님과의 관계 단절은 타락한 인간이 근본적으로 문제 있는 존재가 될 수밖에 없음을 말해 준다.

무화과나무 잎으로 엮은 치마

인간은 밝아진 눈으로 자신의 벗은 모습을 확인하게 되자 부끄러웠다. 부족하다고 판단한 것이다. 부족해서 부족한 것이 아니었다. 하나님과의 단절은 자신을 부족하다고 인식하게 되는 피할 수 없는 결과다. 성경은 그 인간의 마음을 두려움이라고 표현한다(창 3:10). 자신의 모습을 확인했는데 그것이 부담스럽고 수치스럽게 생각되었다. 이는 하나님 없는 인간의 자기 인식의 실체를 말해 준다.

심리적으로 보면 일종의 열등감 또는 자괴감인 것이다. 물론 아담과 하와의 두려움은 성장 과정에서 오는 열등감이나 환경적 요인으로부터 오는 자괴감이 아니다. 하나님과 분리된 타락한 인간의 자의식을 뜻한다. 신학자 폴 틸리히가 인간의 실존을 불안으로 설명한 것과 맥이 통한다. 그는 인간의 실존을 두려움과 구별하여 불안으로 설명했다. 두려움은 그 대상이 있지만 불안은 그 대상이 없다. 아담과 하와의 두려움은 바로 이 인간 실존의 불안이다. 따라서 인간 스스로 깊은 성찰의 깨달음을 얻었다고 해도 불안은 해결하지 못한다.

아담과 하와는 그 부족함과 두려움을 해결하고자 무화과나무 잎으로 만든 치마를 만들어 입었다. 무화과나무 잎으로 치마를 만들어 입은 행동은 자신의 부족함과 두려운 마음을 해결하려는 인간의 노력을 상징한다. 하나님이 가죽옷을 지어 입히신 것은 인간이 자신의 문제를 해결하려는 모든 노력이 무의미함을 뜻한다.

부족함을 감추려 하거나 스스로 고쳐 보겠다고 온갖 수단을 동원해도 인간의 수고는 헛될 뿐이다. 철학과 종교, 과학 등이 그렇다. 도움이 되는 것 같지만 결국 소용없는 일이다. 인간의 마음에 대한 심리학의 발견, 인간 본성에 대한 종교의 통찰력은 부정적이다. 악하고 허무하고 부족할 뿐이다. 이는 무화과나무 잎으로 만든 치마가 상징하는 바다.

종교, 철학, 심리학 등의 인간적 노력은 유익한 면이 있다. 하지만 일시적이거나 부분적으로 도움이 될 뿐 근본적 해결은 아니다. 인간의 자존감 회복, 상처 치유, 자아 분석 등은 자기 이해에 도움이 되지만 그 이상을 넘어서지 못한다. 다시 말해 인간의 수준을 벗어날 수 없다는 말이다. 타락한 인간을 구원하는 방법은 하나님 외에 없다. 늪에 빠진 사람이 자신의 머리를 잡아 끌어올린다고 한들 늪에서 빠져나오지 못하는 것과 같다. 인간의 온전한 회복은 전능하신 하나님과의 영적 관계성을 통해서만 기대할 수 있다. 그런데 오늘도 우리 인간은 무화과나무 잎으로 수많은 치마를 만들어 입는다.

가죽옷을 지어 입히심

하나님은 아담과 하와를 위해 가죽옷을 지어 입히셨는데, 이는 선악과를 따 먹음으로써 불순종하여 타락한 인간에게 징계를 내리신 뒤 첫 번째로 하신 일이다. 징계 내용 가운데는 여자의 후손을 통한 구원 약속이 들어 있다. 타락으로 말미암아 하나님 징계의 결과를 온몸으로 안고 살아가야 하는 인간이 생명을 회복하고 다시 살아갈 수 있는 길을 마련해 주신 것이다. 이는 제사를 통한 하나님과의 관계 회복이다. 타락으로 말미암아 상실했던 감사의 회복이다. 제사를 통한 감사 고백이 유일한 길인 것이다.

가죽옷은 두 가지 불변의 진리를 전해 준다. 하나는 인간은 하나님의 도움이 있어야 한다는 것이고, 다른 하나는 하나님의 도움을 통해 얻는 것이 생명이라는 사실이다. 인간에게 필요한 것은 물질이나 힘이 아니다. 영적 생명이다. 생명은 스스로 얻을 수 없고 주어지는 것이다. 이것이 생명의 본질이다. 한마디로 하나님은 인간이 그분을 통해 영적 생명을 회복하도록 하셨다. 동물의 피를 통한 제사 방식을 가르치신 이유가 이것이다.

제사는 제사를 받는 자가 원하는 방식이어야 한다. 제사를 드리는 인간이 적당히 자기 방식대로 드려선 안 된다. 위에서 내려오는 것이어야 한다. 제사의 본질이 그렇다. 죄를 사해 주시는 분이 요구하는 방식이어야 한다. 타락한 인간의 실체를 가장 적나라하게 묘사한 성경의 표현은 구약성경 사사기서 21장 마지막 절에 나오는 "사람이 각기 자기의 소견에 옳은 대로"다. 그 타락이 잘못된 제사로 나타나므로 타락의 고침은 제사부터 시작되어야 한다.

아벨의 제사는 하나님이 가르쳐주신 대로 양을 잡아 드린 피의 제사였다. 반면 가인의 제사는 그렇지 않았다. 하나님은 가인의 제사를 받지 않으셨다. 그러자 그는 하나님이 제사를 받지 않으신 것을 섭섭하게 생각하고 분노했다. 하나님은 가인의 불평하는 마음을 아시고 "네가 선을 행하면 어찌 낯을 들지 못하겠느냐"(창 4:7)라고 꾸짖으셨다.

하나님은 가르친 대로 제사를 드리지 않은 것에 대해 선을 행하지 않았다고 지적하셨다. 가인이 제사를 드리지 않은 것도 아닌데 악을 행했다고 말씀하셨다. 죄라고 말씀하신 것이다. 제사 또는 예배를 드리는 것은 잘 드리거나 못 드리거나 하는 문제가 아니다. 선 아니면 악으로 평가된다는 사실을 알아야 한다.

실제로 예배를 드리는 자세나 마음가짐은 하나님을 살아 계신 분으로 믿고 인정하느냐를 알 수 있는 시금석이다. 매주 예배를 드릴 때마다 예배에 목숨을 걸어야 하는 이유가 여기에 있다.

선악과를 따 먹은 결과, 하나님이 경고하신 대로 아담과 하와는 영적으로 죽은 존재가 되었다. 그 영적 생명을 되찾는 방법은 생명을 상징하는 피의 대가를 지불하는 것뿐이다. 우리는 제사를 드릴 때마다 기억해야 한다. 예배는 우리의 영적 생명이 다시 살아나는 사건이어야 한다. 생명은 주어지는 것이다. 우리가 스스로 만들거나 시작할 수 없다. 예배를 통해 늘 하나님으로부터 오는 영적 생명이 회복되는 역사를 체험해야 한다. 예배를 드릴 때마다 창조 때의 삶을 다시 시작한다는 기대와 결단이 있어야 한다.

제사를 통한 감사, 다시 시작하겠습니다.

타락이 감사의 상실이었다면 타락한 죄를 씻는 제사는 감사의 회복이 된다. 제사는 하나님과 다시 시작하는 기회를 제공받은 것이다. 타락 이전에 감사로 모든 것을 누리며 살아갈 수 있는 에덴의 삶을 다시 시작할 수 있게 된 은혜의 사건이다. 예배를 드릴 때마다 명심해야 한다. 감사를 회복하는 사건이 되어야 한다는 것을.

아벨은 제대로 제사를 드림으로써 하나님과의 관계를 다시 시작할 수 있었다. 타락 이전의 창조 상태로 돌아간 것이다. "다시 시작!" 이보다 더 영원을 제대로 대변하는 말은 없다. 일회용이 아니다. 작심삼일이어도 괜찮다. 매일 다시 시작할 수 있다면 영원할 수 있다.

성경에 등장하는 '다시'(또다시) 또는 '다시는'이라는 단어를 찾아보았다. 구약에 526번, 신약에 203번 등장한다. 그런데 단어 '다시'가 등장하는 상황의 주어는 대부분 하나님이다. 하나님이 다시 하시니 우리도 다시 한다. 다시 시작해야 한다. 실패해도 괜찮다. 잘못되어도 문제없다. 다시 시작하는 것으로 족하다.

다시 하면 새로울 수 있다. 그래서 힘이 생긴다. 다시 시작한다는 것은 행동으로 옮긴다는 말이다. 머리로 생각만 하는 것이 아니다. 하나를 알면 둘을 알 때까지 기다리지 말고 그 하나를 실천해야 한다. 감사 고백은 다시 시작할 수 있는 추진력을 만들어 낸다. 아무것도 남지 않은 절망적인 상황에서 기적처럼 움직이고 일어나 발걸음을 내디딜 힘이 생긴다. 감사 고백은 마중물이다. 다시 시작하는, 물을 계속 샘솟게 하는 마중물이다. "감사합니다! 이제 다시 시작하겠습니다!"

제사를 통해 감사를 회복하고 다시 타락 이전의 창조 상태로 돌아간다면 이것은 하나님이 창조를 통해 모든 것을 거저 주신 것에 대한 최초의 감사 고백의 삶을 살아갈 수 있음을 뜻한다.

감사 고백과 마음

감사 능력은 감사 고백에서 나온다. 마치 알라딘의 요술램프와도 같다. 입으로 감사를 고백함으로써 마음이 정리된다. 인생을 살다 보면 생각지 못한 사건으로 인생이 꼬이는 경우가 있다. 난감하고 방향을 찾을 수 없어 방황할 수밖에 없을 때 컴퓨터를 재부팅하듯 그 인생을 다시 시작하는 재부팅 기능이 바로 감사다. 감사는 마음을 재부팅해 준다. 감사하는 사람의 가장 큰 능력은 자기 마음을 지키고 다스릴 줄 안다는 것이다. 성경은 마음과 관련하여 "모든 지킬 만한 것 중에 더욱 네 마음을 지키라 생명의 근원이 이에서 남이니라"(잠 4:23)고 말씀한다. 감사는 마음을 지키는 수문장이다.

우리의 영적 생명이 맺는 모든 열매는 마음에서 이루어진다. 마음이 중요하다는 사실은 동서고금을 넘어서는 진리다. 자신이 처한 상황에 영향받지 않고 주어진 모든 상황을 포용하고 받아들이는 것은 마음에 달려 있다. 사람을 대하는 태도,

닥친 사건을 처리하는 자세, 세상을 바라보는 시각도 마음에서 시작된다. 그 마음의 최고 상태가 바로 감사의 마음이다. 그래야 주어진 인생을 풍성하게 살아갈 수 있다. 마음을 다할 수 있기 때문이다. 그 마음이 능력으로 나타나는 이유다.

감사의 마음을 갖도록 격려하고, 살아서 움직이며 할 수 있는 모든 것을 기쁜 마음으로 최선을 다해야 한다. 이때 가장 행복할 수 있다. 마음을 다할 수 있기 때문이다. 우리는 어쩔 수 없이 감사할 때가 많다. 억지로 할 때도 있다. 적당히 하기도 한다. 이는 마음을 다하지 못하는 모습이다.

절망해 본 적이 있는가? 절망을 걷어차고 일어날 수 있는 기폭제가 감사다. "감사합니다. 다시 시작하겠습니다." 다시 시작할 수 있다는 것 자체에 감사할 줄 알아야 한다. 이는 인생이 끝장나지 않았다는 선언이다. 아니 새롭게 시작하겠다는 의지의 결단이다.

용수철처럼 튀어오르는 힘은 절망스러운 상황을 감사로 받아들이는 데서 나온다. 아담과 하와는 하나님 아버지와의 관계가 단절되었다. 에덴에서 쫓겨났다. 대화도 끊겼다. 관계 회복을 위한 유일한 길은 하나님께서 가르쳐 주신 제사다. 그대로 행하면 된다. 제사를 통해 감사를 고백하는 것이다.

생각을 행동으로 옮기기, 감사 실천

어떤 사람이 프로와 아마추어를 비교했는데, 그 비교 내용이 40여 가지에 달한다. 그중 일부를 소개하면 다음과 같다. 프로는 기회가 오면 우선 잡고 보지만 아마추어는 생각만 하다가 기회를 놓친다. 프로는 뛰면서 생각하지만 아마추어는 생각하고 나서 뛴다. 프로는 행동으로 보여주고 아마추어는 말로 보여준다. 프로는 놀 때 최고로 놀지만 아마추어는 놀 줄 모른다. 프로는 해보겠다고 하지만 아마추어는 안 된다고 한다. 프로는 '지금 당장'을 좋아하지만 아마추어는 '나중에'를 좋아한다. 앞서 열거한 내용의 공통점은 프로는 미루거나 구경만 하는 것이 아니라 즉각적으로 행동하는 사람임을 알 수 있다. 생각한 것을 즉시 행동에 옮기는 것이다. 신앙의 프로는 그 자리에서 감사를 실행에 옮긴다.

다시 시작한다는 고백은 결과보다 노력이나 시도 자체를 중요하게 여긴다는 뜻도 포함하고 있다. 더 나아가 실패를 두려워하지 않는다는 뜻도 있다. 머리로 일하는 것이 아니라 부딪치면서 배운다. 여기서 믿음의 중요한 측면을 발견할 수 있다. 살아 있는 믿음의 중요한 측면이다.

히브리서 11장을 보라.

> 믿음으로 노아는 아직 보이지 않는 일에 경고하심을 받아 경
> 외함으로 방주를 준비하여 그 집을 구원하였으니 이로 말미암
> 아 세상을 정죄하고 믿음을 따르는 의의 상속자가 되었느니라
> 믿음으로 아브라함은 부르심을 받았을 때에 순종하여 장래의
> 유업으로 받을 땅에 나아갈새 갈 바를 알지 못하고 나아갔으
> 며 **히 11:7-8**

노아는 하나님의 생각에 동의하는 것에 그치지 않고 행동
으로 옮겼다. 믿음은 마음속의 생각을 포함한다. 그런데 그 믿
음은 마음의 생각에 그치는 것이 아니다. 살아 있는 믿음은 생
각을 행동으로 옮긴다. 그래서 '믿음은 행동으로 옮겨지는 생
각'이라고 정의 내릴 수 있다. 다음 말씀을 살펴보자.

> 우리 조상 아브라함이 그 아들 이삭을 제단에 바칠 때에 행함
> 으로 의롭다 하심을 받은 것이 아니냐 네가 보거니와 믿음이
> 그의 행함과 함께 일하고 행함으로 믿음이 온전하게 되었느니
> 라 이에 성경에 이른 바 아브라함이 하나님을 믿으니 이것을
> 의로 여기셨다는 말씀이 이루어졌고 그는 하나님의 벗이라 칭
> 함을 받았나니 이로 보건대 사람이 행함으로 의롭다 하심을
> 받고 믿음으로만은 아니니라 또 이와 같이 기생 라합이 사자

들을 접대하여 다른 길로 나가게 할 때에 행함으로 의롭다 하
심을 받은 것이 아니냐 영혼 없는 몸이 죽은 것같이 행함이 없
는 믿음은 죽은 것이니라 **약 2:21-26**

감사는 신앙의 풀버전(Full-version)이다. 다른 액세서리가 필
요 없다. 감사 하나만 하면 다 된다. 시작과 진행과 마무리가
다 된다. 감사는 신앙의 플랫폼이다. 사랑하고 인내하고 회복
하는 모든 신앙 덕목을 시작하게 해준다. 감사로 시작하면 모
든 것이 가능하다. 악에게 지지 않고 선으로 갚을 수 있게 해준
다. 용서와 인내도 따라온다.

감사는 우리를 무장해제시킨다. 살다 보면 후회, 불평, 불
만, 주장, 경쟁 등 수많은 생각이 우리를 지배한다. 이런 생각
을 하게 되는 이유가 있다. 우리 생각과 반응에는 일리가 있고
확신도 있고 권리도 있다. 그런데 세상은 우리가 기대하는 대
로 반응하지 않는다. 해결되지 않았는데 자기 혼자 옳다고 주
장하면 결국 자신을 해칠 뿐이다. 이를 해결하는 유일한 방법
이 "감사합니다"라는 감사 고백이다.

이때 모든 것을 제로로 하고 다시 시작할 수 있다. 모든 것
을 잃어버렸다고 해서 억울해하지 않을 수 있다. 감사는 뒤를
돌아보지 않고 앞을 보고 나아가게 한다. 과거로부터 빠져나

오고 자신의 못난 모습에 붙잡혀 있지 않게 한다. 마음대로 안 되는 우리 마음을 단 한 번에 해결하는 기적의 외침, 그것은 한 마디의 고백이다.

"감사합니다!"

주어진 모든 상황에 감사

"모든 감사는 오직 하나님께로"

하나님을 향한 언어, 감사

감사는 수직 언어다. 하늘을 향해 올라가는 언어다. 인간은 서로를 향해 수평적인 감사 표현을 주고받으며 살아간다. 하지만 창조 신앙의 관점에서 감사는 원래 위에 계신 하나님께만 올려드리는 것이다. 여기서 감사의 신학적 의미가 새롭게 조명된다. 원래 감사에는 조건이 붙지 않는다.

우리가 실제로 드리는 기도를 살펴봐도 이를 알 수 있다. 기도 가운데 고백하는 감사 표현을 보라. 혼자하든 성도들과 함께하든지 간에 기도를 시작하는 첫 마디는 거의 "하나님 감사합니다!"라는 고백이다. 구체적으로 생각나는 감사 내용이 없어도 감사 고백이 나온다. 실제 삶의 경험에서는 감사의 이유가 있고 대상도 분명하다. 그러나 다시 생각해 보면 결국 하나님께 감사하는 것이다. 우리가 경험한 모든 사건과 결과 뒤에 하나님이 계신다는 믿음이 떠오르면 "하나님, 감사합니다!"라고 고백한다. 이 고백은 너무 당연하다.

우리의 신앙생활은 수많은 하나님의 사건으로 점철되어 있다. 이들 사건은 모두 사람들과 관련되어 있다. 도와준 사람, 용서해준 사람, 함께한 사람, 떠나간 사람, 미운 사람, 아쉬운 사람, 그리운 사람, 힘겹고 어렵게 한 사람 등등. 사건마다 사람이 있고 결과물도 있다. 그런데 보이는 것이 전부가 아니다. 그 눈에 보이는 것 뒤에 하나님이 계신다. 하나님의 계획과 섭리가 있다는 깨달음과 함께 우리는 하나님께 감사 고백을 드린다.

우리가 겪는 모든 사건에 하나님이 항상 섭리하심을 고백해야 한다. 사건이 진행되는 중에는 하나님이 잘 보이지 않는다. 그러나 나중에는 여지없이 하나님의 세밀하신 계획과 간섭에 따른 일이었음을 알게 된다. 그만큼 우리의 믿음은 한편으로는 현실적이면서, 다른 한편으로는 신비한 것이다. 신앙은 사건의 경험과 인식에서 직접 보고 겪는 것이 전부가 아니다. 그 뒤에 서 계신 하나님께 초점을 맞춘 채 바라보는 것이 신앙의 핵심이다.

성경의 감사 고백

성경에서 말하는 감사 고백의 원형이 그렇다. 우리의 감사는 주로 실제적인 경험에 맞춰져 있다. 어느 누구에게 또는 어떤 사건을 통해 하나님의 인도하심을 경험했다고 감사 고백을 한다. 반면에 성경의 감사 고백은 모두 하나님께 초점이 맞추어져 있다. 시편 136편을 읽어 보면 감사 고백의 원리가 우리의 일반적인 감사 고백과 다름을 알 수 있다.

시편 136편 1-26절을 보면 "하나님께 감사하라"는 표현이 26번 반복된다.

> 여호와께 감사하라 그는 선하시며 그 인자하심이 영원함이로다
> 신들 중에 뛰어난 하나님께 감사하라 그 인자하심이 영원함이로다
> 주들 중에 뛰어난 주께 감사하라 그 인자하심이 영원함이로다
> 홀로 큰 기이한 일들을 행하시는 이에게 감사하라 그 인자하심이 영원함이로다
> …
> 애굽의 장자를 치신 이에게 감사하라 그 인자하심이 영원함이로다
> 이스라엘을 그들 중에서 인도하여 내신 이에게 감사하라 그

인자하심이 영원함이로다

강한 손과 펴신 팔로 인도하여 내신 이에게 감사하라 그 인자
하심이 영원함이로다

홍해를 가르신 이에게 감사하라 그 인자하심이 영원함이로다

…

우리를 우리의 대적에게서 건지신 이에게 감사하라 그 인자하
심이 영원함이로다

모든 육체에게 먹을 것을 주신 이에게 감사하라 그 인자하심
이 영원함이로다

하늘의 하나님께 감사하라 그 인자하심이 영원함이로다

시 136:1-26

시편 기자는 창조, 출애굽, 광야, 가나안 전쟁 등 수많은 사
건을 나열하면서 그 모든 일이 하나님이 하신 일이라고 한다.
그런데 감사하라는 각 문장을 살펴보면 감사 고백이 기적이
나타난 사건이나 결과에 초점이 맞추어져 있지 않다. 그 사건
을 일으키신 하나님을 향해 있다. 하나님이 모든 일의 주관자
요 섭리자시라는 우리의 기본 신앙고백 원리에 맞는 고백이
다. 우리의 욕구를 만족시키고 기쁘게 하는 기적적인 사건과
결과에 초점을 맞추는 우리 신앙의 맹점을 보여주고 있다.

성경에 나오는 감사 표현을 살펴보면 이 점이 더 분명하게 드러난다. 감사 단어는 구약에서 132번, 신약에서 66번, 모두 198번 등장한다. 이 가운데 하나님께 또는 주님께 하는 감사 표현이 185개 절이다. 사람에게 하는 감사 표현은 잠언에 1개 절 그리고 누가복음에 2개 절뿐이다. 나머지 감사는 모두 하나님을 향하고 있다. 구약에서의 감사는 주로 감사 제사, 감사 기도, 감사 찬양에 대한 것이다. 감사의 정황이 하나님을 향해 있다. 우리의 일상적인 감사 고백이 어디를 향해야 하는지 다시한 번 명심하도록 해준다.

신구약 성경에 등장하는 감사 단어

신구약 성경에 등장하는 감사 단어에 대해 자세히 살펴보자. '감사'라는 단어는 '감사제' 그리고 '감사 제물'이라는 단어와 함께 구약에서 132회 등장하는데, 그중 시편에 76번이 등장하고, 구약 39권 가운데 14권에만 감사가 나온다. 모세오경에서는 레위기에 단 5회 나올 뿐 창세기와 출애굽기, 민수기, 신명기에는 감사라는 단어가 아예 등장하지 않는다. 이 또한 놀라지 않을 수 없는 새로운 사실이다. 그뿐 아니라 그다음에 이어 나오는 여호수아, 사사기, 룻기, 사무엘서를 찾아보면 사무

엘하 22장에 가서야 단어 감사가 처음으로 한 차례 등장할 뿐이다. 나중에 다루겠지만, 이 사실이 감사에 대해 시사하는 신학적 의미는 매우 놀랍다.

신약성경에서는 총 66번 가운데 바울서신에서 48번 등장한다. 나머지는 복음서에 나오는데 마가복음과 요한복음에 1번, 마태복음에 2번, 누가복음에 7번 등장한다. 그 외 나머지 성경에는 각 권마다 1~2번 정도 등장할 뿐이다.

성경에 등장하는 단어 감사의 등장 횟수만 가지고 섣부른 신학적 판단을 내릴 수는 없다. 그런데 성경에서 감사가 성도들의 신앙생활에서 별로 중요하게 제시되지 않은 것 같다는 느낌을 지울 수가 없다. 감사가 우리의 신앙과 인격에 중요하지 않은 것이 아니라면 감사는 아직 밝혀지지 않은 새로운 차원의 신학적 의미를 함축하고 있는지도 모른다.

성경에는 단어 사랑이 구약에 273번, 신약에 284번, 모두 557번 등장한다. 사랑과 뜻이 통하는 인자, 자비 등의 단어를 합치면 1,000개가 훌쩍 넘어간다. 감사 단어와는 비교가 안 될 정도로 많다.

단어 수만 갖고 본다면 감사는 사랑에 훨씬 못 미친다. 사랑이 감사보다 중요하다고 생각하는 것이 당연한 일처럼 여겨진다. 하지만 앞서 말한 대로 사랑보다 감사라고 말하고 싶다.

앞에서 감사 신학을 제시하면서 이미 감사의 영적 위상을 설명했다.

감사의 원뜻

헬라어로 '감사'는 '엑소몰로게오마이'(ejxwmolovghomai)다. 이 단어는 '고백하다' '약속하다' '찬양하다' '감사하다' 등의 뜻으로 사용된다. 이 단어에는 말과 행동, 습관에 동의한다는 의미가 있는데, 문자적으로는 '같은 것을 말하다'라는 뜻이다. 그러니까 동의하면 당연히 감사와 찬양이 나오게 되어 있다. 하나님께 감사한다는 것은 하나님과 같은 말을 하는 것이다. 하나님을 인정하고 하나님의 뜻에 동의한다는 것이 된다. 맹세하든 죄 고백을 하든 간에 하나님의 가르침에 동의한다는 뜻이다. 하나님이 하신 일을 전적으로 인정한다는 뜻도 된다. 단어 감사의 원래 뜻은 하나님과 직접 관련되어 있다.

감사로 번역되는 다른 헬라어 가운데 '카라'(chara)라는 단어가 있다. '기쁨'으로 번역되는 '카라'는 단순한 감정(파토스)을 뜻하는 것이 아니라 영혼의 '좋은 상태'를 말한다. 이는 세상의 구원자에 대한 기대감을 가질 때 느낄 수 있다. 이 기쁨은 하늘의 것과 연결되어 있어 세상의 만족이나 쾌락과는 다르다. 이

것을 통해 자유를 구현할 수 있는데, 세상으로부터의 자유다. 즉 '카라'가 있을 때는 이 세상이라는 외적 조건에 얽매이지 않는다는 말이다.

'카라'에서 나온 단어 '카리스'(charis)는 신약성경에서 '은혜' 또는 '감사'로 번역되고 있다. 은혜와 감사의 공통점은 세상의 조건이 붙지 않는다는 것이다. 은혜는 전적으로 하나님으로부터 온다. 감사는 세상의 무엇 때문이 아니라 무조건적으로 하나님께 감사하는 것이다. 단어 감사의 의미 자체가 하나님께로 가야 한다는 것을 말해 준다.

또한 기쁨과 감사는 의미가 통한다. 기뻐할 일이 있어서 감사하고, 기뻐할 일이 곧 감사할 일이다. 또 역으로 생각하면 감사한 마음을 가지니까 기쁨이 있다. 세상은 기뻐할 일이 있으면 감사하지만 기뻐할 일이 없어도 감사하는 것이 신앙이다. 하나님을 생각하며 감사하는 것이다. 그 감사 고백이 기쁨을 만들어내고 그 기쁨은 환경을 바꾸고 극복하는 에너지로 나타난다. 이것이 감사의 능력으로 세상을 압도한다. 감사 고백이 완악한 사람의 마음을 다스리고 구겨진 마음을 펴주기 때문이다.

감사 고백을 할 때 하나님께 초점을 맞춰야 하는 이유가 여기에 있다. 감사가 능력으로 나타나려면 그것은 환경으로부터

가 아니라 우리 안으로부터 나오는 지속적인 힘이어야 한다. 감사의 대상이 하나님이 아니라 환경과 조건의 변화로부터 온 것이라면 그것은 잠시일 뿐이다. 환경과 조건은 늘 변하기 때문인데, 감사의 기쁨이 순간적인 기쁨의 감정에 지나지 않을 수 있다. 그러나 하나님을 향해 감사 고백을 드릴 때 영원히 살아 계시고 항상 살아 계신 하나님의 임재를 마음에서 계속 느낄 수 있다. 그러기에 감사는 놀라운 능력으로 나타난다.

제사와 감사

성경에 나오는 감사 표현과 고백이 하나님께로 향하는 것은 당연하다. 구약의 경우 감사 고백의 대부분은 감사 제물 또는 감사 찬양이다. 즉 제사나 예배 상황에서의 감사 표현이다. 레위기에 와서야 처음 등장하는 감사 고백의 상황을 봐도 알 수 있다. '감사 제물' '감사함으로 드리는' 등의 표현이 반복해 등장한다. 이는 제사를 드리는 사람의 마음 자세를 말해 준다.

하나님과의 기본 소통과 대화의 핵심은 감사다. 하나님께 제사를 드릴 때 감사로 하나님과 대화를 시작한다. 예배가 신앙의 기본이고 그 신앙의 기본 핵심이 감사다. 신약에 등장하는 66번의 감사 표현 가운데 2번의 경우를 빼고 모두 그 고백의 대상이 하나님 또는 주님이다. 감사 자체가 하나님과의 관계성에 대한 본질임을 말해 준다. 구약에서는 "그의 자식들은 일어나 감사하며"(잠 31:28)라는 말씀에서 인간을 향한 감사 표현이 단 한 번 등장한다. 이는 현숙한 여인을 설명하면서 가정에서 자녀와 남편이 아내와 어머니를 어떻게 대해야 하는지 말해 준다. 이조차도 감사의 대상이 하나님이라고 해석할 수 있는 여지가 있다. 신구약 전체 198번의 감사 표현 가운데 사람에게 감사를 표하는 내용이 3번도 채 안 된다.

감사 고백의 최종 대상은 하나님

기도의 핵심도 감사다. 하나님과의 관계에서 간구와 소원을 아뢰기 전에 우리는 일단 감사의 마음, 감사의 자세로 하나님 앞에 서야 한다. 이것이 기도의 기본이다. 그런데 우리는 감사 고백을 할 때 "하나님! ~을 해주셔서 감사합니다"라고 표현한다. 하나님께 기도할 때 기도 내용의 핵심을 하나님이 해주신 '그것'에 맞추고 있다.

시편 136편을 보면 "~을 해주신 하나님께 감사합니다"로 되어 있다. 어떻게 보면 둘러치나 메어치나 다르지 않아 보이지만 분명히 다르다. 시편의 표현은 감사 고백의 대상이 하나님으로 초점이 맞춰져 있다. '그것'을 감사하는 것이 아니라 '그것을 해주신 하나님'께 감사하는 것이다. 좋을 때는 '그것'과 그것을 만드신 '하나님'이 분리되지 않는다. 사랑이 넘칠 때는 사랑하는 사람에게 받은 선물과 사랑하는 사람이 다르지 않다. 구별되지 않는 것이다.

그러나 사랑의 열기가 식거나 관계가 소원해지면 사랑하는 사람과 선물은 엄연히 구별된다. 선물이 없다는 이유로 사랑의 관계성이 의심을 받기도 한다. 김중배의 다이아몬드 반지에 마음을 빼앗긴 심순애의 마음과 다르지 않다. 하지만 '그것' 또는 '그 사건'이 없어도 영원하신 하나님께 초점이 맞춰져 있으면 흔들림이 없다. 인격적인 성숙한 사랑의 관계에 바탕을 두고 있어서 선물이 없어도 사랑의 관계가 흔들리지 않는다. 감사 고백과 표현이 하나님께 맞춰져야 하는 이유다.

주님은 산상수훈에서 "하나님과 재물을 겸하여 섬기지 못하느니라"(마 6:24)고 말씀하셨다. 이 말씀의 의미도 동일한 맥락에서 이해할 수 있다. 우리의 감사 고백이 하나님이 아니라 하나님이 주신 것에 초점이 맞춰진다면 하나님께 감사하는 것이 되지 않을 수 있다. 감사 마음의 최종 도착지가 하나님이 아니라 하나님이 주신 그것으로 귀결되기 때문이다. 물론 우리의 감사 표현이 하나님을 향해 이루어지는 경우도 많다. 어떤 경우든 하나님이 주신 그것 또는 그 사건으로 말미암아 감사 고백을 드릴 때 의식적으로 하나님께 감사의 마음이 향하도록 깨어 기도할 필요가 있다.

산상수훈 설교 가운데 다음 말씀을 보면 하늘나라에 보물을 쌓아두는 삶을 살라고 말씀하신다. 이방인들이 구하는 먹을 것과 입을 것을 염려하지 말라고 권면하면서 다음과 같이 가르치신다.

> 그러므로 염려하여 이르기를 무엇을 먹을까 무엇을 마실까 무엇을 입을까 하지 말라 이는 다 이방인들이 구하는 것이라 너희 하늘 아버지께서 이 모든 것이 너희에게 있어야 할 줄을 아시느니라 **마 6:31-32**

특히 "너희 하늘 아버지께서 이 모든 것이 너희에게 있어야 할 줄을 아시느니라"(32절)는 말씀을 주목해 보자. 자세히 보면 같은 맥락이다. 우리는 주님이 먹을 것과 입을 것을 걱정하지 말라고 하신 말씀을 그대로 믿는다. 그래서 바로 그다음에 하늘 아버지께서 이 모든 것을 너희에게 "주실 것이다"라는 주님의 약속을 기대한다. 그런데 여기서 주님이 하신 말씀은 우리의 기대대로 "주실 것이다"가 아니라 "아시느니라"고 말씀하셨다. 우리의 기대를 저버리는 동문서답 같은 말씀이다.

주님이 우리의 필요를 무시하며 모른 척하시는 것은 아니다. 주님 말씀의 결론은 우리의 필요를 하나님이 알고 계신다는 것이다. 그것으로 충분하다는 말이다. 언제 어떻게 어떤 방법으로 그것을 공급해 주실 것인지에 대해선 말씀하지 않으셨다. 우리가 얻고자 원하는 것에 초점이 맞춰져 있지 않다. 하나님이 우리의 필요와 소원을 아신다는 사실에 초점이 맞춰져 있다. 이는 하나님과 우리와의 기본 관계가 어떤 것인지를 말해 준다. 하나님과의 인격적 관계성은 신앙의 시작이고 마침으로, 이는 우리의 감사 고백이 하나님께 향해야 하는 이유다. 하박국 선지자의 고백을 보라.

> 비록 무화과나무가 무성하지 못하며 포도나무에 열매가 없으며 감람나무에 소출이 없으며 밭에 먹을 것이 없으며 우리에 양이 없으며 외양간에 소가 없을지라도 나는 여호와로 말미암아 즐거워하며 나의 구원의 하나님으로 말미암아 기뻐하리로다 합 3:17-18

기쁨의 이유가 열매나 소출이 아니다. 구원의 하나님이시다. 감사의 이유도 양이나 외양간의 소가 아니다. 여호와 하나님이시다.

솔로몬은 하나님께 감사하는 마음으로 일천 번제를 드렸다. 이는 1천 번의 제사를 드렸다는 뜻이 아니다. 1천 마리의 번제물을 드렸다는 말이다. 이 말씀을 우리 자신에게 적용해서 1천 개의 제물 대신 1천 번의 감사 고백을 하라고 권하고 싶다. 1천 번의 감사 고백을 하면 마음에 하나님이 틀림없이 자동적으로 떠오를 것이다. 머릿속의 하나님이 가슴까지 내려오시는 것이다. 감사의 조건을 찾아 감사하고 다시 감사하고 또 감사하다 보면 결국 결과물이 아니라 결과물을 있게 하신 하나님을 향하게 된다. 하나님께 구했던 많은 것이 한순간의 만족을 위한 소모품에 불과한 것이었음을 깨닫게 된다.

감사 고백의 클라이맥스, 주일 예배와 감사

감사 중의 감사는 쉬는 것이다. 아무것도 하지 않으며 감사하는 것은 안식의 의미와 통한다. 하나님이 창조를 마친 뒤 안식하신 것이 아니라 안식하심으로써 창조를 완성하셨다는 점에서 그렇다. 레크리에이션(recreation)은 '오락' '휴식'의 뜻이 있지만 단어 구성을 보면 재창조라는 의미다. '쉰다'는 창조하지 않는 게 아니라 창조를 완성한 것이다. 아무 일도 하지 않음으로써 감사의 의미를 완성한 것이다.

하나님 앞에서 아무것도 하지 않으면서 감사를 표현하는 것이 감사의 클라이맥스다. 성수주일의 핵심적 의미가 여기에 있다. 안식일은 자신을 위한 일을 하지 않고 안식하며 하나님께 감사의 예배를 드리는 날이다. 하나님께 초점을 맞추는 날이다. 우리 삶에 일어난 모든 일에 대한 결론을 하나님께 두는 것이다.

우리의 감사는 보통 이유가 있다. 원하는 것을 얻거나 좋은 일이 일어나면 감사한다. 주로 이 세상에서 우리 육신의 만족과 관련이 있다. 그런데 아무런 일이 일어나지 않았음에도 감사를 표현한다면 그것은 마음의 묵상으로부터 나온 것이다. 마음속에서 하나님을 생각하며 하나님만 생각하며 하나님을 기뻐하기 때문에 나오는 것이다. 이 기쁨이 감사 고백에 이르게 한다. 하나님에 대한 감동과 감격의 표현으로, 하나님의 행하심과 온전한 간섭에 대한 절대 신뢰가 감사로 표현된다.

생에 대한 감사도 마찬가지다. 지금 자신이 살아 있다는 사실에 대한 감사다. 아무 일도 하지 않을 때 자신이 숨 쉬고 있음을 느낀다. 그래서 숨 쉬는 것에 대한 감사부터 시작된다. 우리에게 생명이 주어졌다는 사실이 숨을 쉰다는 사실을 통해 인식되기 때문이다. 생에 대한 감사는 우리에게 주어진 모든 것에 대한 감사로 이어진다. 우리 생명뿐 아니라 건강과 직업, 부모와 형제, 이웃 등 우주 만물이 우리를 위해 주어졌음을 깨닫는다. 이것이 존재하는 데 있어 우리가 도움을 주거나 노력한 적이 없으므로 이 모든 것을 우리에게 공짜로 주신 하나님을 생각하며 감사의 마음을 가지고 하나님을 즐긴다.

하나님은 "안식을 지키라"는 계명을 주셨다. 주일에는 하나님 외에 다른 것을 생각하거나 다른 일을 하지 말라는 것이다. 다른 일을 하지 않아야 하나님을 묵상할 수 있다. 하나님이 하신 모든 일에 대한 감사의 생각에 집중할 수 있다. 이렇게 보면 주일에 하나님이 주신 모든 것에 대해 감사하며 묵상하는 것만도 바쁘다. 감사는 오직 하나님께만 향해야 하는 것이다.

Part 3

감사를 삶으로

감사 멘토를

소개합니다

믿음의 삶을 사는 사람들에게 꼭 만나보라고 권하고 싶은 분이 있다. 그분의 사는 모습 하나하나가 감동이고 귀감이 되기 때문이다. 알고 있는 많은 사람 가운데 진심으로 존경하고 본받고 싶은 분이다.

그분은 주어진 인생 자체를 고마워하며 산다. 생명이 주어 졌음을 감격스러워하며 사는 것 자체가 복이라고 고백한다. 무엇보다 마음을 다해 우주 만물, 자연의 아름다움을 즐긴다. 부자도 아니고 유명하지도 않지만 주위 가족과 일터와 친구들을 자랑스러워하고 만족해한다.

언제나 주어진 상황을 고맙게 받아들인다. 부족함이 없다는 말을 입에 달고 산다. 누가 봐도 분노할 만한 억울한 일을 당해 불공평한 세상이라고 불평을 늘어놓을 만도 한데 그런 모습을 본 적이 없다. 변변치 못한 집안 출신이지만 자신이 흙수저라는 열등감을 조금도 찾아볼 수 없다. 이 세상에 흔한 것이 자녀를 향한 욕심이기에 그 욕심만큼은 조금 가지고 있을 법한데 그것으로부터도 자유로워 보인다. 평범하면서도 평범하지 않은 분이다.

살다 보면 아무리 잘해도 적이 생기게 마련이다. 하지만 그분은 어렵고 힘든 상황이 닥쳐도, 주위 사람들의 비난과 시기가 몰려와도 늘 의연하다. 인생은 항상 우리의 상식적 기대를 벗어나는 것이기 때문일까? 성실하고 아름답게 살아온 그분이 평생 열정을 다해 일구어 온 사업에 위기가 찾아왔고, 그 위기를 넘기지 못하고 접어야 했다. 좌절하고 낙심할 만도 하고, 누군가를 향해 원망을 쏟아낼 만도 한데 툴툴 털고 일어나 언제 그랬느냐는 듯이 처음부터 다시 시작한다. 누군가가 자신에게 불평을 늘어놓아도 넓은 마음과 잔잔한 미소로 받아들인다.

무엇보다도 그분은 항상 만족해한다. 높고 푸른 하늘을 향해 햇빛과도 같은 미소를 보내며 산다. 하늘을 바라볼 때마다 희망을 그리며 사는 분이다. 그래서 주위 사람에게 감동을 주고, 보는 사람들로 하여금 고개를 숙이게 한다. 이런 이유 때문일까? 정말 거짓말같이 실패를 극복하고 모든 사람이 놀랄 정도로 모든 것을 회복했다. 정말 존경스럽다. 부럽다. 바로 감사의 사람이다. 감사의 마음을 품고 감사의 삶을 살아가는 사람이다.

이제까지 감사 7계명을 통해 감사의 메시지를 살펴보았다. 이제는 감사를 실천할 차례다. 실천하면 우리는 이런 모습을 가진 감사의 사람이 된다. 다음에 소개되는 내용은 전체 세 개로 나뉘어 구성되어 있다. 첫 번째 내용은 감사 실천의 중요성, 두 번째 내용은 감사 훈련, 세 번째 내용은 감사 열매에 대한 것이다.

머리에서 마음으로,
마음에서 입으로

감사 고백은 기적이다

우리는 수많은 상황에서 감사 표현을 한다. 자연스러운 감사 표현이 첫걸음이다. 정상적인 사람이라면 누구나 자연스럽게 감사 표현을 한다. 선물을 받았을 때, 도움을 받았을 때, 상을 받았을 때, 학교에 합격했을 때…. 그런데 간단한 감사 한마디를 제대로 못 하는 사람이 있다. 마음은 있어도 표현의 절제가 몸에 배어 있어서 그런지도 모른다. 한편 아예 감사 마음을 느끼지 못하는 사람도 있다. 마음속 그 무엇이 감사 마음을 가로막고 있기 때문이다. 결코 건강한 모습이 아니다. 그런데 일반적인 감사뿐 아니라 어렵고 힘들고 넘어지고 쓰러지고 암흑 속에 있을 때도 감사를 고백할 수 있다면 기적같은 일이

아닐 수 없다. 마음이 기적이다. 그 마음의 기적이 삶의 기적을
일으킨다.

사랑과는 다른 감사 실천

감사는 하나님 앞에 서는 기본자세다. 영적 싸움을 해야 하
는 이 세상을 사는 최고의 지혜다. 그러려면 우리 마음에 감사
가 새겨져야 한다. 그래서 부지중에 튀어나오는 말이 되면 좋
겠다. 사람들은 행복이라는 단어를 많이 쓴다. 이 단어의 의미
가 성경적이지 않다는 것을 알면서도 일상화된 용어이다 보니
믿음을 가진 우리도 생각 없이 남발한다. 그리스도인은 적극적
으로 이 말을 바꿀 필요가 있다. 그 대안이 바로 감사다. 좋다
는 것이다. 만족스럽다는 것이다. 행복은 결과를 전제하고 하
는 말이기에 환경과 조건에 대해 수동적일 수밖에 없다. 행복
지수 관련 연구를 보면 조건투성이다. 그러나 감사는 능동적이
다. 다름 아닌 자신이 선언하는 것이다. 우리 마음으로부터 조
건을 바꾸어버린다. 상황을 지배할 수 있고 바꿀 수도 있다.

감사는 세상을 살아가는 최고의 지혜라고 했는데, 온 세상
을 자기 삶의 울타리요 자기 이웃으로 여기고 살아가는 태도
이기 때문이다. 우리 인생에 주어진 자원은 무궁무진하다. 감

사를 고백하면 이것을 모두 자기 삶의 만족을 위해 활용할 수 있다. 우리의 모습을 보라. 일에 치여서, 밥 먹고 살기 바빠서, 목구멍이 포도청이라 주어진 것에 눈길 한번 제대로 주지 못한 채 살아간다. 이것도 사용해 보고 저것도 즐기며 함께 나누고 여유를 누리면서 풍족하게 살지 못한다. 이유는 하나다. 감사를 모르기 때문이다. 감사를 모르면 자신에게 주어진 것이 얼마나 엄청난지 모를 수밖에 없다.

감사는 닫혀 있는 수많은 문을 여는 비밀번호다. 우리는 가끔 이상향을 꿈꾼다. 감사는 그 이상향의 삶을 시작하는 버튼이다. 컴퓨터의 전원 스위치를 누르면 모든 프로그램이 작동되어 모니터에 뜬다. 더블클릭만 하면 애플리케이션이나 프로그램을 실행할 수 있다. 앱의 세계를 만끽하며 즐길 수 있다. 바로 감사 더블클릭이다.

하나님은 사랑을 명령하신다. 하나님 수준의 사랑 실천을 요구하신다. 그래서 사랑은 쉽지 않다. 사랑에 영적 성숙과 성장이 요구되는 이유다. 당연히 시간이 걸린다. 사랑은 하나님 사랑과 이웃 사랑의 표현에 담겨 있듯이 자신이 아닌 타인을 위한 실천 의무다. 그래서 더 힘들다. 사랑 실천의 보상이 즉시 우리의 유익으로 돌아오지도 않는다. 사랑하는 것이 진정한 만족이고 성장이라고 말하지만 그것이 우리에게 유익한 영적 경험이 되기까지는 긴 시간과 깊은 영적 성숙이 필요하다.

감사는 이런 점에서 사랑과 다르다. 감사 고백은 쉽다. 선물을 받거나 도움을 받았을 때, 밥 한 끼를 얻어먹었을 때 자연스레 감사 표현이 나온다. 무엇인가를 대접받으면 우리 마음이 쉽게 움직이기 때문이다. 감사는 말로 표현하는 것으로 끝나지 않는다. 감사 표현을 들은 사람의 마음까지 흡족하게 만들어 준다. 이는 서로의 마음을 열어주고 만남과 교제를 풍성하게 해준다. 이처럼 감사 고백은 우리 삶에 많은 열매를 가져다 준다.

사랑이 의무론에 가깝다면 감사는 존재론에 가까운 것 같다. 존재론이 의무론을 앞선다. 우리가 무엇을 해야 한다는 사실보다 태어나 숨 쉬고 있다는 사실이 먼저인 것과 같다. 즉 생명은 먼저 주어진 것이기에 감사해야 한다. 그 사실을 깨닫는 것이 은혜고, 그 은혜에 대한 응답이 바로 감사다. 그 감사를 삶 속에서 적극적으로 표현하는 것이 사랑이다.

진정한 감사 고백이 사랑의 실천을 이끈다. 아홉 가지 성령의 열매를 맺기 원한다면 감사의 마음을 먼저 확보하면 된다. 진정한 사랑의 실천을 원한다면 매 순간 감사로 시작하면 된다. 감사의 마음이 준비되면 사랑은 자연스레 흐르게 되어 있다. 우리 생애에 주어진 모든 것이 하나님의 은혜라는 고백과 감사가 있다면 이 세상에 사랑하지 못할 것이 없다. 그래서 사랑보다 감사가 먼저다.

감사 표현하기와 믿음

감사(感謝)의 의미를 담고 있는 단어 가운데 감동(感動), 감격(感激), 감탄(感歎) 등이 있다. 감동은 마음을 다하다 보니 그 마음이 움직였다는 뜻이다. 감격은 마음을 다하는 가운데 마음속에 물결이 부딪히며 흐를 정도가 되었다는 뜻이다. 감탄은 마음의 감동이 탄성을 자아낼 정도가 되었다는 뜻이다. 이들 단어 모두 마음 상태를 가리킨다.

고마운 마음에 대해 마음을 다해 말로 표현하는 것이 감사다. 그 표현을 하느냐 안 하느냐의 차이는 "마음으로 믿어 의에 이르고 입으로 시인하여 구원에 이르니라"(롬 10:10)는 말씀에 비추어 판단할 수 있다. 머릿속에서 생각하고 느끼는 것과 그것을 입으로 표현하는 것은 확연하게 다르다. 입으로 표현하려면 언어로 의미를 구성하는 과정이 필요하다.

성경에 등장하는 감사와 관련된 말씀을 살펴보자. "감사함을 넘치게 하라" "범사에 감사하라" "오히려 감사하는 말을 하라"는 성경 말씀은 감사 표현이 실제 삶의 능력으로 나타난다는 것을 전제로 하고 있다. 감사 고백은 눈앞에서 벌어지는 사건에 얽매이지 않고 그 상황을 넘어서는 의미를 부여한다. 사건에만 머물러 있지 않는다. 그래서 감사 표현은 우리 마음의 변화, 삶의 변화를 만들어 내는 것이다.

가장 중요한 것은
반복입니다

감사 실천과 영적 싸움

감사의 마지막은 감사 실천이다. 감사를 머리로만 알면 죽은 감사다. 하지만 알고 행하면 놀라운 기적을 낳는 살아 있는 감사가 된다. 아는 것과 행하는 것은 천지 차이다. 실천하지 않으면 아는 것은 무용지물이 되고 만다. 아니 오히려 독이 된다. 자신을 속이고 사는 것이기 때문이다. 모르는 것보다 못하다. 살기 위해 지식이 있어야 하고 지식을 적용하여 실천으로 옮겨야 열매를 맺을 수 있다.

열매를 맺는 실천은 훈련 과정을 거쳐야 한다. 연습을 해야 한다. 시간이 걸린다. 반복하지 않으면 안 된다. 이것이 감사 훈련을 따로 언급하는 이유다.

감사 고백을 천 번 만 번 해야 열매가 맺힌다면 그것은 훈련 차원을 넘어선다. 영적 싸움이다. 감사를 실천하기 원한다면 일단 훈련할 각오를 해야 한다. 더 나아가 감사의 기적을 체험하기 원한다면 영적 싸움을 벌여야 한다. 사실 진실한 감사 고백을 한 번 하는 것도 얼마나 어려운 일인지 모른다! 좋은 일이 있을 때는 자연스럽게 나오지만 어렵고 힘들 때 감사 고백을 하기란 쉽지 않은 일이다. 그래서 영적 싸움을 싸워야 하는 것이다.

감사 실천을 위한 극복 요소

감사는 기적을 비추는 빛이다. 그 감사의 빛을 이웃에게, 더 나아가 세상에 비추는 것이 감사의 완성이다. 우리에게는 "감사 훈련과 영적 싸움을 통해 감사의 빛을 비추며 살겠습니다"라는 고백이 필요하다. 영적 싸움이기에 당연히 우리를 방해하는 적이 있다. 편리함이다. 편리함은 영성을 거스르는 암적 요인이다. 영적 싸움은 편리함을 거부하려고 싸우는 것이다. 우리는 편리함을 호화로운 궁궐에서 찾지 않는다. 일상에서 찾는다. 앉기보다 눕는 것이 좋다, 걷기보다 차를 타는 것이 좋다, 전철보다 택시를 이용하는 것이 좋다, 택시보다 자가용을 이용하는 것이 좋다 등. 이처럼 일상의 편리함이 도처에 깔려 있다.

편리함의 상징으로 리모컨을 들 수 있다. 이는 편리함을 만끽하게 해주는 기기로 TV 리모컨, 자동차 열쇠 리모컨, 에어컨/히터 리모컨 등 수없이 많다. 몸을 움직이거나 걸음을 더하지 않고 손가락 하나만 움직여도 육체의 만족을 얻을 수 있다. 사람들은 편리함을 가져다주면 열광한다. 이는 전 세계 사람들이 스마트폰에 열광하는 이유다. 손가락 하나로 세상을 접할 수 있게 되었기 때문이다. 걸음을 걸어야 했고 기다려야 했고 손을 움직여야 했는데 이제는 손가락 터치로 모든 것이 가능해졌다. 편리함의 극치다. 그러나 그 편리함이 영성을 거스르는 최대 장애물이라는 것도 깨달아야 한다.

한편 바른 영성 훈련은 육체를 움직이게 하고 몸을 불편하게 한다. 새벽 단잠에서 깨어 성전으로 가야 한다. 하기 싫은 방 청소를 해야 하고 힘들어도 장애인을 도와주어야 하며 숨이 차고 지쳐도 산길을 오르는 과정을 통해 영성이 다져진다. 그래서 땅을 일구고 땀을 흘리는 노동이 영성 훈련에 포함된 것이다.

감사는 말로 하지만 몸이 따라주어야 한다. 감사를 고백할 때 몸을 굽혀 절하고 손을 내밀어 악수를 청한다. 앉았다 일어나야 한다. 상대방에 대한 감사의 마음으로 옷을 추스르고 매무새도 단정히 해야 한다. 이웃에 대한 감사, 자연에 대한 감사도 마찬가지다. 이웃을 찾아가 만나고, 시간을 내서 자연을 만나 대화하고 마음껏 즐겨야 한다.

힘든 노동에 자원하고 건강한 것에 감사한다. 장애인을 찾아가 섬기며 건강한 몸과 마음에 감사한다. 수많은 감사 조건을 미처 깨닫지 못하고 있었음을 알게 된 데 감사한다. 불편함을 찾으면 감사 고백이 절로 나온다. 이처럼 행동에 옮기면 감사가 몸에 밴다.

감사 고백의 반복 효과

감사 반복으로 우리 안에 능력을 쌓아야 한다. 프로 골퍼들이 하루에 600번 이상의 스윙 연습을 통해 몸이 정확한 스윙 자세를 기억하도록 만드는 것과 같다. 머리로 듣고 생각하고 기억해 이루어지는 것이 아니다. 반복을 통해 몸과 마음이 움직이는 것이다. 감사 능력도 그렇다. 매 순간 끊임없이 반복하는 감사 고백이 필요하다.

그 결과는 어떨까? 해보면 안다. 하루에 수백 번씩 되뇌어보라. 기적이 일어난다. 생각이 바뀌고 바라보는 시각도 바뀌는 기적이 일어난다. 세상이 달라 보이고 사람도 달라 보인다. 어제 먹던 밥을 동일하게 먹는다. 어제 만났던 사람을 다시 만난다. 자신이 하던 일도 예전과 다르지 않다. 벼락부자가 된 것도 아니다. 달라진 것이 전혀 없다. 하지만 우리 자신이 달라졌다. 우리 시각과 마음의 느낌이 달라졌다. 이것이 바로 기적의 시작이다. 온 세상을 품고 가기 때문이다.

인터넷에서 반복 효과에 대한 내용을 찾아보면 다양한 연구 결과가 등장한다. 그중 몇 가지를 소개하고 감사 고백의 실천에 적용해 보려고 한다.

21번 감사 고백, 하루 21번 반복, 21일 반복

동일한 행동을 21번 반복하면 습관이 된다는 연구가 있다. 미국의 공군 조종사를 대상으로 이 연구가 실시되었는데, 실제 전투에 투입하기 전에 모의 훈련을 몇 번 하는 것이 효과적인지를 연구했다. 가장 높은 생존율은 21번 훈련받은 사람들에게서 나왔다. 거의 본능적으로 움직일 수 있는 수준까지 능력을 끌어올렸기 때문이다. 이를 감사에 적용해 볼 수 있다. 한 번에 21번의 감사 고백을 반복하면 어떨까? 21번의 감사 고백을 매일 21번 하고 그렇게 21일 동안 반복하면 감사 습관을 만들어지지 않을까? 그리고 그 삶의 열매는 감사 습관을 만드는 사람의 몫이다.

100번 감사 고백

100번의 법칙이 적용되는 사례도 있다. 몸에 달라붙는 거머리에 대한 실험이다. 거머리가 피부에 달라붙으면 전류를 흘려보내 감전시키는 실험을 했다고 한다. 기억력이 없는 거머리는 떼어내면 붙고 또 떼어내면 또 붙기를 반복한다. 그런데 100번을 떼어내자 더는 달라붙지 않았다. 놀라운 사실은 실험 대상 거머리가 새끼를 낳았는데 그 새끼 거머리는 피부에 아예 달라붙지 않는다는 것이다. 유전자에 변화가 생겼다고 추정할 수 있다. 거머리의 경우 100번 반복이 일어나자 유전자에 변화가 생겼다.

사람에게는 몇 번의 반복이 있어야 유전자까지 변할까? 글쎄? 감사 고백을 반복하면 감사의 마음이 일어나고, 그 감사의 마음이 감사의 인격까지 만들 수 있다고 믿는다. 타락으로 인해 인간에게 감사 상실이 일어났다. 감사 반복으로 하나님이 태초에 인간을 만드실 때의 감사 DNA를 회복할 수 있는 반복 최고치가 있을까? 숫자로 확인할 수 있을 것 같지는 않다. 창조 때의 감사 DNA 회복을 기대하며 성령님의 도우심을 구하는 믿음의 실천이 관건이다. 그리고 삶으로 직접 경험하고 확인할 수밖에 없다. 결국 변화는 살아 계신 하나님이 만들어 내실 것이기 때문이다.

10년의 감사 고백, 1만 시간의 감사

또 다른 반복의 원리가 있다. 10년의 시간이 필요하다는 것이다. 스웨덴의 안데르스 에릭슨(Anders Ericsson)은 인간의 습관과 관련해 '10년의 법칙'(the 10-year rule)이라는 이론을 제시했다. 어떤 분야에서 최고 전문가가 되려면 최소 10년은 집중적으로 준비해야 한다는 것이다. 천재 음악가인 모차르트도 10년간 수많은 곡을 쓰고 나서야 훌륭한 음악을 내놓을 수 있었다. 사실 10년을 지속적으로 감사 실천을 한다는 것은 쉽지 않은 일이다.

말콤 글래드웰(Malcom Gladwell)의 《아웃라이어》에 보면 1만 시간의 법칙이 나온다. 세계적 수준의 전문가가 되려면 최소한 1만 시간의 훈련이 필요하다는 것이다. 1만 시간을 환산해 보면 놀라운 사실을 발견할 수 있다. 하루에 5시간을 훈련한다고 하면 일주일에 5일을 하면 25시간이다. 1만 시간은 400주간을 매주 25시간 연습해야 한다. 1년이 52주라고 하면 약 8년의 시간이 소요된다. 실제로 하루 5시간, 일주일에 5일을 그대로 완벽하게 실천할 가능성이 100퍼센트가 아니라면 8년 이상 걸릴 것이다. 그렇다면 1만 시간의 훈련은 현실적으로 10년 정도의 시간이 필요하다고 봐야 한다.

10년이든 8년이든 짧은 시간이 아니다. 하루의 삶을 생각해 보면 한 가지 일에 매일 5시간을 집중한다는 것이 쉬운 일도 아니고 짧은 시간도 아니다. 만약 그 시간을 하루 2시간으로 줄인다면 8년의 2.5배, 즉 20년이 된다. 초등학교 1학년 때부터 매일 2시간 연습하면 대학을 졸업하고도 4년을 더해야 세계적인 사람이 된다. 나이로 치면 서른이 다 된다. 실로 엄청난 반복이 필요하다는 이야기다. 감사 고백 1만 시간 실천은 매시간 감사, 매일 감사를 평생 실천해야 가능한 시간이다. 그런데 감사하는 마음으로 온전히 하루를 살았다면 24시간으로 계산된다. 결국 감사 고백 실천은 매일의 표현, 고백, 자세와 실천 등으로 점철되면 가능하다.

감사 반복과 영적 싸움

실제 신앙생활에서 이런 감사 반복은 영적 싸움과 같다. 단순히 훈련 차원에서 생각할 수 있는 것이 아니다. 성경은 경건에 이르기 위해 날마다 말씀을 묵상하고, 쉬지 말고 기도하고, 항상 기뻐하고, 범사에 감사하라고 요구한다. 이 요구를 다 따르기란 불가능해 보인다. 하지만 성경은 불가능한 일을 요구하는 것이 아니다. 영적 싸움을 싸워야 한다는 것이다. 우리가 싸움에서 이겨 승리할 수 있는 인격과 영성의 존재가 되기를 기대하는 것이다.

반복이 습관을 만들고 습관이 행동을 만들고 행동이 인격을 만들고 인격이 운명을 만든다는 말이 있다. 거룩한 습관이 중요하다. 무의식적 습관은 우리 뇌에 변화의 프로그램을 입력시킬 것이다. 그러므로 거룩한 영적 습관을 반복하면 된다. 반복하는 것이 불가능하다고 미리 결론을 내면 안 된다. 쉽게 포기할 수 있기 때문이다. 반복하겠다는 결단이 중요하고, 그 결단을 실행에 옮기는 것이 필요하다. 시작이 반이다. 오늘 하루만 반복하면 된다. 반복이 기적의 열쇠다. 감사 고백을 반복적으로 훈련해 보자.

인격은 마음과 신체, 환경 등이 복합적으로 상호작용하며 형성된다. 이 인격이 운명을 결정한다는 것은 신기한 일이 아닐 수 있다. 인간의 성숙은 선형으로 이루어지는 것이 아니라 비선형적이라는 주장이 있다. 초기의 작은 차이가 반복되면 나중에 도약이라는 현상을 일으킨다는 것이다. 이것을 '초기 조건의 민감성'이라고 한다. 물을 끓이면 99도까지는 끓지 않고 계속 뜨거워지기만 하다가 100도가 되면 비로소 끓는 것과 같다.

의식의 차이가 나타나는 것은 결국 반복을 통해 이루어진다. 호킨스 박사는 "반복 효과는 셀 수 없는 시스템에서 존재한다. 이 반복 효과 때문에 초기 조건의 미세한 차이의 반복이 오랜 기간 반복되면 갑자기 새로운 상태로 전환된다"라고 말했다. 여기서 반복을 통해 우리가 하나님의 요구에 응할 수 있는 존재가 될 수 있다는 가능성을 엿본다. 매일 예배를 드리고 쉬지 않고 기도하며 범사에 감사하라는 성경 말씀에서 반복의 교훈을 발견한다. 반복을 통해 새로운 차원의 영성 또는 신앙적 인격이 형성될 수 있다는 교훈이다. 이스라엘 쉐마 교육의 핵심도 반복인데, 유대인의 탁월함은 쉐마 교육에서 나온다. 다음 말씀을 보자.

이스라엘아 들으라 우리 하나님 여호와는 오직 유일한 여호와이시니 너는 마음을 다하고 뜻을 다하고 힘을 다하여 네 하나님 여호와를 사랑하라 오늘 내가 네게 명하는 이 말씀을 너는 마음에 새기고 네 자녀에게 부지런히 가르치며 집에 앉았을 때에든지 길을 갈 때에든지 누워 있을 때에든지 일어날 때에든지 이 말씀을 강론할 것이며 너는 또 그것을 네 손목에 매어 기호를 삼으며 네 미간에 붙여 표로 삼고 또 네 집 문설주와 바깥 문에 기록할지니라 **신 6:4-9**

신명기의 말씀은 기계적 반복이 아니라 생활 가운데서의 반복이다. 자연스러운 것으로, 인격에 녹아들 수 있는 반복이다. 이 반복이 신앙적 인격을 만들고, 그 신앙적 인격이 세상을 이기는 힘이 된다.

판소리에서 명창이 되는 과정도 마찬가지다. 명창이 되려면 득음의 경지에 이르러야 한다고 말한다. 피를 세 번 토할 정도로 훈련을 해야 득음할 수 있다. 이를 위해 폭포 앞에서 소리 내는 연습을 한다. 소리의 모든 성분을 포함하고 있는 폭포를 꿰뚫고 목소리가 뻗어 나가야 한다. 그러다 보면 크고 또렷한 음색이 만들어진다. 엄청난 음량을 갖게 되는 것이다.

이 세상은 악이 판치는 세상이다. 수많은 소음을 돌파해야 한다. 해변이나 들판 같은 광야를 건너야 한다. 소나기가 퍼붓듯 세상의 숱한 소리가 우리의 심령을 공격하고 넘어뜨리려고 한다. 혼잡하기 그지없는 소리투성이다. 우리를 유혹하고 공격하고 비웃는 소리다. 하나님의 존재를 비웃고 예수 구원의 이야기를 무시하는 소리도 많다. 눈에 보이는 것이 전부라고 외치는 세상의 소리도 있다.

우리에게 세상의 잡소리를 꿰뚫고 지나가는 또렷한 감사 고백이 없으면 혈과 육이 싸우게 된다. 신앙을 지키기가 어려워진다. 영적 평강과 하늘의 삶을 사는 것이 불가능해진다. 그러나 감사 고백이 이를 가능케 한다.

감사 대화, 창조 세계의 DNA와 네트워크

감사 대화는 감사 네트워크 연결의 시작이다. 사회학자 리처드 세넷(Richard Sennett)은 《투게더》에서 '보는 것'(seeing)과 '듣는 것'(listening)의 차이를 여행객(tourist)과 관광객(traveller)의 차이로 설명한다. 관광객은 여행을 가서 눈으로만 보고 오는데, 겉만 보는 것이다. 이처럼 보는 것은 일방적이다. 하지만 여행객은 관광객과 다르다. 여행객은 낯선 지역의 사람과 대화를 나눈다. 서로의 생각을 나눈다. 소통이 이루어진다. 소통을 통해 상호간 차이와 간격을 메워 나간다. 진정한 여행의 의미를 경험한다. 함께 사는 것의 의미가 여기에 있다. 이웃과 함께 살고 하나님과 함께 사는 것은 대화와 나눔을 통해 가능하다. 감사 고백은 대화와 나눔의 최고 촉진제다. 대화와 나눔이 네트워크를 형성한다.

감사는 창조 세계의 DNA다. 하나님의 형상을 따라 지어진 인간의 마음에 감사가 장착되어 있을 뿐 아니라 이 세상의 모든 물질도 감사 체계로 지어졌다. 만물도 서로 감사로 연결되어 있다. 우주 만물이 감사 네트워크로 상호 연결되어 있다는 말이다. 이는 감사가 하나님이 이 세상을 창조하신 상태의 복을 그대로 누리며 살아갈 수 있는 비결임을 말해 준다. 감사하면 다 통한다. 해결된다. 누리게 되고 충만해진다. 에덴동산에서의 삶이 재현될 수 있다. 하나님이 보시기에 좋은 세상에서 살 수 있고, 우리가 원하는 대로 모든 것을 누리며 살 수 있다. 물론 동산 중앙의 선악과를 먹지 말라는 하나님의 명령을 지키며 산다는 전제하에서다.

감사는 창조 신앙이다. 그래서 잃어버린 감사를 회복하는 것은 곧 창조 신앙의 회복이고, 창조 세계의 회복이다. 창조 세계로의 회복을 보여주는 믿음의 사건 가운데 하나가 기적이다. 기적은 창조 상태의 회복을 가리킨다. 믿음으로 기적을 경험했다면 이는 우리 삶에서 창조 세계의 회복이 일어났다는 뜻이다. 감사가 수많은 기적의 사건을 만들어내는 이유가 바로 여기에 있다.

우리는 기적이 일어날 때마다 하나님의 역사로 고백하면

서도 이성의 눈으로는 신기하다는 반응을 보인다. 과학적 설명과 이해의 관점에서 바라보기 때문이다. 그런데 과학적 설명이 되지 않는다고 해서 고개를 갸우뚱거릴 필요는 없다. 아직 과학으로 설명되지 않은 것뿐이다. 미래 과학의 발전은 충분한 설명을 제시할 수도 있다. 과거 신앙과 과학의 역사를 살펴보면 이해가 된다. 따라서 과학적으로 설명되지 않아도 믿음으로 얼마든지 수용할 수 있다. 여기서는 감사 고백을 통해 이루어지는 수많은 기적 현상을 신학적으로 뒷받침할 뿐이다. 창조 신앙에 대한 감사 신학을 세우고자 하는 것이다.

감사 네트워크의 사례

창조를 감사로 푼다. 창세기의 내용을 토대로 제시된 감사 신학은 기적이 왜 일어나며, 어떻게 일어나게 하는지에 대한 신학적 해석을 제시한다. 감사가 창조 세계의 원리라는 신학적 명제는 감사의 실제 효과를 뒷받침해 준다.

전 대림대학교 총장이자 경영학 박사이며 현 감사나눔연구소 이사장인 제갈정웅 씨는 "감사는 과학이다"라고 주장한다. 감사가 파동이며 에너지라는 것이다. 그의 실험 결과는 과학계에서 검증된 내용은 아니다. 하지만 그가 시도한 여러 실험 결과와 그의 주장은 신학적으로 수용할 만하다. 그는 자신의 감사 실험 이야기를 다음과 같이 적고 있다.

"개인적으로 저는 30여 차례 감사 실험을 한 것 같습니다. 저는 주로 밥, 양파, 감자, 우유, 와인 등 움직이기 어려운 것들을 가지고 했습니다. 닭과 열대어를 가지고 한 사례도 있습니다만, 식물과 동물에게서 모두 같은 결과를 보았습니다. '감사합니다'라는 말을 들은 동식물은 상태가 좋았고, '증오합니다'라는 말을 들은 동식물은 상태가 나빠졌습니다. 육안으로 봐도 달라진 모습이 참으로 신기했습니다."

감사가 어떻게 이런 구체적 효과를 만들어낼 수 있는지 놀라울 뿐이다. 앞서 감사가 창조의 원리이기 때문이라는 신학적 해석을 제시했다. 제갈정웅 박사의 강의를 듣고 감사를 실천한 포스코 3선재공장 태종성 부공장장의 이야기를 들어 보자. 감사연구소의 홈페이지를 살펴보면 다음과 같은 글이 올라와 있다.

제갈정웅 총장의 강의를 듣고 처음에는 아무 생각 없이 양파 2알과 컵을 가져와서 '감사합니다'와 '짜증나'를 붙여놓고 실험을 시작했다. 파트장들도 장난으로 각각의 병에 '감사합니다'와 '짜증나'라고 말했는데 '감사합니다' 양파에서는 싹이 나고 '짜증나' 양파에서는 썩은 냄새가 나며 물이 뿌옇게 변하는 모습을 보고 놀랐다. 처음에는 양파 상태가 좋고 나쁨에 따라 그럴 수도 있으려니 생각하고 똑같은 실험을 다시 했는데 같은 반응이 나왔다. 그래서 세 번째는 밥으로 실험을 해보았는데 역시 같은 결과가 나왔다. 그러면서 엉뚱한 발상 하나가 떠올랐는데, 그것은 고장이 잦은 기계에 '감사합니다'를 붙여 보자는 것이었다. '감사합니다' 스티커가 붙은 기계 앞을 지날 때마다 '감사합니다'라고 인사하는 것이다. 시작한 지 한 달이 되었는데 지금까지는 기계에 고장이 안 나고 있다.

양파 실험은 그런대로 받아들일 만하다. 그런데 기계에 대한 내용은 만화 같은 이야기로 들린다. 감사 고백이 알라딘의 요술램프를 작동시키기 위해 외우는 주문도 아닌데 어떻게 기계가 사람의 말에 반응할 수 있느냐 하는 의문이 드는 게 사실이다. 기계 위를 날아다니는 하루살이가 웃을 일인 것이다. 과학의 눈으로는 어불성설이다.

그러나 과학의 눈으로 본다면 창세기 이야기가 더 만화 같은 이야기가 아닐까? 하나님이 빛이 있으라고 말씀하시자 빛이 생겼다. 이성의 시각으로는 말이 안 된다. 하지만 우리가 창세

242

기의 에덴동산 이야기를 믿음의 눈으로 읽고 받아들였다면 공장의 기계 이야기도 믿음의 눈으로 받아들이는 데 문제가 없다.

감사 고백이 만들어내는 기적 현상을 신앙의 눈으로 받아들이는 자세가 필요하다. 과학적 증거가 없어도 괜찮다. 우리 각자가 감사의 삶을 실천함으로써 그 기적을 경험하는 것이 중요하다. 감사는 파동이며 에너지라는 제갈정웅 박사의 주장을 굳이 과학적으로 검증할 이유는 없다. 세월이 흘러 과학적 검증이 가능한 날이 올 수 있을지도 모른다.

다시 한 번 확인하면 감사 신앙을 통해 얻어지는 결과를 누리는 것이 중요하다. 우리는 지금 믿음의 차원에서 감사 효과에 대한 이야기를 하고 있다. 과학의 논리는 검증된 만큼 인용하면 된다. 태종성 부공장장은 계속해서 그다음 이야기를 들려준다.

"네패스의 직원들은 그 장비에 '고장 ZERO 감사합니다' '가동 100% 감사합니다'라는 감사 스티커를 부착하고는 그 앞에서 '감사합니다'를 크게 외치며 90도로 인사를 했습니다. 그 결과 한 달 10건 발생하던 고장이 1건으로 현격히 줄어들었습니다. 결과적으로 월 1억 5천만 원의 손실을 줄일 수 있었습니다."

이 이야기 역시 황당하게 들린다. 하지만 믿음으로 받아들이면 당장 삶의 모든 분야에 감사를 실천하고 적용해야겠다는 생각이 든다. 이 책을 읽는 모든 사람이 믿음을 가지고 감사 실천을 통해 놀라운 복을 누렸으면 좋겠다. 감사 고백이 기적을 만들어내는 요술 주문은 아니다. 기적은 우리의 감사 고백에 대한 하나님의 응답이다. 감사가 하나님을 향한 진정한 믿음으로부터 나오면 된다고 믿는다. 그래서 감사 신학의 수립이 필요하다.

성격의 구성 요인과 감사의 마음이 가진 힘

감사 훈련을 위한 첫 단계는 자신을 아는 것이다. 감사 훈련을 효율적으로 하려면 자신의 마음속에 어떤 힘이 많고 어떤 힘이 부족한지를 알 필요가 있다. 왜냐하면 감사는 마음에서 나오기 때문이다. 마음의 성향과 성격의 구성 요인을 정확하게 알면 마음의 힘을 어느 정도 파악할 수 있다. 그러면 감사 훈련에 큰 도움이 된다.

심리학은 마음을 연구하는 학문이다. 인간의 마음이 어떻게 작동하는지를 연구한다. 심리학의 한 분야인 성격심리학은 성격의 구성 요인을 밝히면서 마음 작동을 예측한다. 여기서 성격에 따른 마음 작동이 감사 표현에 어떻게 영향을 미치는

지 살펴보고자 한다. 이를 통해 자신의 성격 구성을 이해함으로써 감사 표현을 더 잘하기 위한 지침으로 활용할 수 있다.

성격심리학자들은 성격을 측정하면 그 사람의 행동을 예측할 수 있다고 말한다. 내향적인 사람은 파티에서 남에게 먼저 말을 걸지 않을 가능성이 높다. 외향적인 사람은 여러 사람과 만나 대화를 즐기며 적극적으로 말을 걸 것이다. 하지만 성격심리학자들과 다르게 심리학의 상황론자들은 사람의 성격보다는 주어진 상황에 따라 반응이 달라진다고 주장한다. 양쪽의 주장 모두 일리가 있다. 그런데 많은 연구 결과는 사람의 성격이 다양한 상황에서도 일관성 있는 행동으로 나타난다는 사실을 보여준다.

감사 7계명에 담긴 각각의 감사 고백 내용을 보면 사람에 따라 어떤 고백은 쉽기도 하고 어렵기도 하다. 어떤 사람은 감사의 어느 계명을 비교적 쉽게 고백하는 반면, 그 고백을 겨우 하는 사람도 있다. 어떤 사람은 힘든 상황에서도 기뻐하고 만족하며 산다. 또한 어떤 사람은 남의 말을 잘 따르지만 어떤 사람은 늘 토를 달고 불평을 늘어놓는다. 남의 비난에 상처를 잘 받는 사람이 있는가 하면 아무렇지도 않은 듯 행동하는 사람도 있다. 사람마다 마음의 구성이 다르기 때문이다.

감사 표현이나 고백을 신앙 성숙도로 볼 수도 있다. 여기서는 성격의 다양함과 연관 짓고자 한다. 성격의 시각에서 마음을 살펴보면 감사 표현 실천과 훈련에 도움이 될 것이다. 감사 7계명의 각 내용을 성격의 구성 요인과 연결지음으로써 감사 표현의 힘이 어느 정도인지를 알 수 있다. 이를 위해 성격심리학에서 기본적으로 다루는 빅 파이브(Big 5)를 소개하고자 한다.

빅 파이브

성격심리학에서 말하는 빅 파이브는 인간의 성격을 구성하고 있는 다섯 가지 기본 성향을 설명하는 개념이다. 이 다섯 가지 성향은 외향성(extraversion)과 신경증(neuroticism), 성실성(conscientiousness), 우호성(agreeableness), 개방성(openness to experience)이다. 이 다섯 가지 기본 성향의 구성 정도는 사람마다 다르다. 예를 들어 외향성이 강한 사람은 말 그대로 외향적이고 약한 사람은 내향적이다. 개방성은 새로운 경험을 얼마나 열린 마음으로 대하느냐 하는 정도를 말한다. 어떤 사람은 새로운 경험을 폭넓게 수용하는 반면 어떤 사람은 폐쇄적이거나 중간일 수 있다. 이처럼 다섯 가지 성향에서 각각의 정도에 따른 조합을 생각해 보면 사람의 성격이 각양각색으로 나타난다.

다섯 가지 기본 성향의 조합을 통해 형성된 각 사람의 성격이 바로 그 사람이 가진 성격이다. 그 성격은 마음의 힘이다. 그 힘은 큰 힘, 작은 힘, 넓은 힘, 좁은 힘, 열린 힘, 닫힌 힘, 안정된 힘, 불안정한 힘, 따뜻한 힘, 차가운 힘 등으로 표현할 수 있다. 이 힘은 외부 환경에 대응하는 힘으로 나타난다.

이 다섯 가지 기본 성향은 감사 7계명 감사 고백의 내용과 연관성이 있다. 어떤 기본 성향은 어떤 감사 고백과 맥을 같이 하거나 지지한다고 볼 수 있다. 먼저 다섯 가지 기본 성향을 간략하게 설명하겠다.

첫 번째, 외향성이다.

미국 노스웨스턴대학교의 맥애덤스(Dan P. McAdams) 교수는 외향성을 "제한받지 않는 힘과 역동성"으로 설명한다. 에너지, 열정 등의 의미가 포함되어 있다. 외향성의 사람은 충동적이며 위험을 감수하려는 경향이 있다. 무엇보다도 즐겁고 행복하고 기뻐하는 긍정적 감성(positive emotionality)의 소유자다. 학자들은 외향성이 긍정적 감정을 갖는 이유에 대해 내향성 인간보다 처벌에 덜 반응하기 때문이라고 말한다. 내향성은 부정적이고 처벌적인 상황에 더 많이 집중하는 경향이 있다. 외향성과 내향성은 반대되는 성향이지만 같은 범주에 속한다. 외향성이 약한 사람은 곧 내향성의 사람으로, 말수가 적고 성찰적이다. 많은 연구 결과는 외향성 또는 내향성은 타고난 것이라고 설명한다.

외향성이 주어진 환경을 잘 수용하고 즐기고 누리는 성향임을 고려할 때 감사 7계명 가운데 제1계명과 연결된다. 하나님이 창조하신 우주 만물을 향해 나아가는 마음이다. "동산 각종 나무의 열매는 네가 임의로 먹되"라는 하나님 말씀대로 모든 것을 마음껏 누리는 것이다. "생육하고 번성하여 땅에 충만하라"는 축복의 말씀대로 실천하기 위해 피조물의 세계를 향해 힘을 다하여 나아간다. 그 감사의 힘은 "하나님, 감사합니다. 주신 모든 것을 잘 누리며 살겠습니다"라는 고백에서 드러난다. 이들은 자기 생각과 느낌에 머물러 있지 않는다. 자기 밖에 존재하는 모든 것을 하나님이 주신 것으로 믿고 그 존재물을 향해 나아가는 것이다. 행동지향적인 사람이다. 아브라함과 모세, 여호수아, 다윗, 바울 등은 하나님이 주신 사명을 위해 발걸음을 내디디며 평생 행동으로 실천한 사람들이다.

덜 외향적이거나 내향적인 사람은 세상을 향해 움직이기보다는 그 세상을 마음속으로 성찰하는 사람이다. 이 외향성과 내향성을 대표하는 성경의 인물이 에서와 야곱이다. 에서는 사냥을 잘하고 주어진 환경에 적극적으로 대처하고 그 결과물을 받아 누리는 사람이었다. 반면 야곱은 조용한 성격으로 활동적이지 않으나 깊이 생각하는 사람이었다. 어느 쪽의 사람이 더 좋거나 나쁘거나, 우월하거나 열등하다고 말할 수는 없다. 상황에 따라 대응하는 자세가 다르며, 그 결과는 효율적이기도 하고 비효율적이기도 하다.

두 번째, 신경증이다.

신경증은 만성 불안, 우울증, 예민한 감성, 적대감, 상처받기 쉬움, 자기의식 등의 감성적 측면을 갖고 있다. 신경증의 양극단에는 정서적 안정과 불안정이 자리하고 있다. 신경증은 분노, 슬픔, 불안, 두려움, 죄책감 등 주로 부정적 정서를 포함한다. 신경증을 가진 사람은 실망하거나 쉽게 분노하는 모습을 보이며, 자신에 대한 낮은 평가, 불안, 걱정, 근심 등의 성향을 보인다. 신경증이 적은 사람은 평온하고 느긋하며 자기만족 등의 성향을 보인다. 신경증이 많은 사람은 건강에 대한 염려와 불평이 많고 중년기를 위기로 바라보는 경향이 있다.

많은 연구 자료는 신경증이 생물학적 뿌리를 갖고 있음을 보여준다. 신경증을 가진 사람들은 시상하부(hypothalamus)와 변연계(limbic system)의 활성화가 이루어지는 한계점이 낮게 맞춰져 있다 보니 감정적으로 쉽게 충동을 느낀다. 신경증 반대편에 위치한 감성적 안정성은 개인의 심리적 통제 능력을 넘어서는 생물학적 차이에 의해 나타난다.

신경증은 영적으로 타락한 인간 성품의 측면을 가장 많이 보여준다. 이 성향은 감사 제4계명과 연관이 있어 보인다. 선악과를 따 먹고 나서 두려움과 불안 증세를 보인 결과와 연결된다. 따라서 자신에게 신경증이 많다고 생각되면 감사 제4계명을 특별히 주목하고 지키고자 노력하면 도움이 된다.

신경증의 반대편인 감정적 안정성을 고려할 때 감사 제6계명과도 연결된다. 신경증에 대한 해결은 감사 제사를 통해 감정의 안정성을 회복하는 것이다. 신경증을 가진 사람은 예배를 많이 드리는 것이 큰 도움이 된다.

하나님은 선악과를 따 먹고 벗은 몸을 부끄러워하는 아담과 하와를 위해 가죽옷을 지어 입히심으로써 드려야 할 제사의 방법을 가르쳐주셨다. 이 제사는 우리 생명의 주인이 되시고 삶의 주관자가 되신 하나님 앞에 서 있음으로써 우리 삶의 원래 위치로 돌아가려고 하는 마음이다. 그 자리가 가장 안전한 자리인 것이다. 그 자리에서 중심을 잡고 안정을 취할 때 삶을 다시 시작할 수 있다.

세 번째, 성실성이다.

성실성은 우호성과 함께 사랑과 일이라는 두 가지 주제와 관련이 있다. 지그문트 프로이트는 인간의 성숙함과 심리적 건강을 보여주는 두 가지 요인은 사랑하는 능력과 일할 수 있는 능력이라고 했다. 성실성은 일, 성공, 성취 등 기능적인 영역에서 나타나는 성향이나 기질을 말한다. 잘 조직됨, 효율적임, 믿을 만함 등의 성격을 가리킨다. 여기에 속한 사람은 조직적이고, 질서정연하며, 질문에 대해 항상 분명한 해답을 제시하고, 스스로 잘 훈련되어 있으며, 자신의 의무를 충실히 수행한다. 책임감 있고 신뢰할 만한 사람이다.

이 성향은 감사 제3계명과 연관된다. 유혹이 다가오고 의심이 몰려와도 하나님 말씀을 성실하게 지키고자 노력한다. 이 세상에 주어진 창조 질서를 따르고 주어진 원리를 철저하게 지키겠다는 생각을 갖고 있다. 성실성의 사람은 단호하게 결단을 내리고, 그 결단을 계속 지켜 나가려고 노력한다.

네 번째, 우호성이다.

우호성은 사랑, 공감 능력, 친밀함, 협력 등의 성향을 가리킨다. 이타적이며 따뜻하고 인간적인 모습을 많이 보여준다. 사람과의 관계성에서 협력적인 태도를 보이며 강한 인내심을 가진다. 예의가 바르고 성실하고 정직하고 윤리적이며 이기적이지 않다. 이와 반대되는 성향은 적대적이며 기만적이고 악의가 가득하고 신뢰하기 어려운 모습을 보여준다.

이 우호성은 감사 제5계명과 연결된다. 험악한 세상을 대하는 자세로, 일단 세상을 받아들이고 순응한다. 그렇지 않으면 이 세상을 원망하고 대적할 수밖에 없다. 성경에는 이 부류의 사람이 많이 등장한다. 이삭과 같은 순종의 사람, 바울의 사역을 도왔던 루디아, 시어머니를 따라 자기 고향을 떠나는 이방 여인 룻이 이 성향을 가진 것으로 볼 수 있다.

다섯 번째, 개방성이다.

개방성은 다른 네 가지 기본 성향에 비해 지적인 면을 좀 더 갖고 있다. 개방적인 사람은 지적으로 잘 준비되어 있고 통찰력이 있다. 반면 개방성이 떨어지는 사람은 편협하고 상상력이 떨어지며 천박한 모습을 보인다.

학자들은 문화가 개방성의 한 차원이라고 말한다. 개방성의 성격을 모은 총합이 곧 문화를 대변한다는 것이다. 개방성이 높은 사람은 상상력이 풍부하고 창조적이며 호기심이 많고 도전적이며 독립적인 성향을 보인다. 개방성이 낮은 사람은 전통적이고 비창조적이며 단순하고 호기심이 떨어지며 모험을 거부하는 성향을 보인다.

35~80세에 속하는 240명의 사람을 대상으로 문장 완성하

기 실험을 했다. 그들에게 '좋은 아버지란…' '규칙이란…' 두 개의 단어를 준 뒤 문장을 완성하도록 했다. 연구 결과는 개방 성이 높은 사람은 낮은 사람에 비해 풍부하고 복합적인 응답 을 했다. 통찰력 있고 다양한 경험을 보여주는 응답을 한 것이 다. 이에 비해 개방성이 낮은 사람은 권위나 사회에 대해 경 직되고 전통적인 견해를 보였다. 개방성은 결국 이 세상 또는 사회에 대한 이해와 연관이 있다. 개방성이 높은 사람은 몰입 (absorption) 현상이 두드러지게 나타난다. 자신의 주관적인 상상 속에서 살아가는 것이다. 그래서 종종 시간이나 장소, 자기정 체성을 잃어버리기도 한다.

외향성과 신경증, 개방성의 상호 관련성

외향성, 신경증, 개방성 등 세 가지 성향의 연관성을 측정 한 연구 결과가 있다. 여기서는 각 성향과 스트레스에 대응하 는 전략과의 관련성을 엿볼 수 있다. 연구에 참여한 사람들의 스트레스 상황은 부모의 죽음이라는 상실, 가족의 병이라는 위협, 결혼이라는 도전이었다. 이런 스트레스 상황에서 연구 참여자들에게 대응 전략을 선택하도록 했다. 결과는 성격에 따라 대응 전략이 확연하게 차이가 났다.

신경증을 가진 사람들은 역반응, 도피적 환상, 자기비판, 위축, 적대적 반응, 수동적 반응, 우유부단함 등의 대응 전략을 보였다. 그런데 그들 스스로 대응 전략으로써 거의 효과가 없다고 간주했다.

이에 비해 높은 외향성과 개방성의 사람들은 효과적인 대응 전략을 다양하게 취하고 있었다. 외향성을 가진 사람들은 이성적인 행동, 긍정적 사고, 대안, 절제 등의 대응 전략을 갖고 있었다. 개방성이 높은 사람들은 스트레스 해결을 위해 유머를 사용하고, 개방성이 극히 낮은 사람들은 믿음에 지나치게 의지하는 것으로 나타났다. 이 연구 결과는 성격이 스트레스 상황에서 어떤 대응 전략을 택하도록 만든다는 것을 보여준다.

이 결과를 감사 표현과 연관 지어 볼 수 있다. 어떤 성격을 가진 사람이 어느 상황에서 어느 감사 계명을 잘 지키거나 지키지 못하는 것을 알 수 있다. 주어진 사건이나 상황에 잘 맞는 감사 표현을 하는 사람도 있고 하지 못하는 사람도 있다. 다섯 가지 기본 성향 가운데서 앞의 세 가지 기본 성향은 특별히 그 점이 두드러지게 나타났다.

일본 해군 장교 가와가미 기이치는 2차 세계대전이 끝난 후 고향으로 돌아왔다. 하지만 살아가는 모든 일에 짜증이 나고 불만이 터져

나왔다. 그러던 어느 날 갑자기 전신이 굳어지는 병에 걸렸다. 그는 후치다 정신치료전문가를 찾아간다. 후치다의 처방은 "매일 밤 '감사합니다'라는 말을 1만 번씩 하기"였다. 그는 자리에 누워서 "감사합니다"라는 말을 수없이 반복했다. 그러자 이 말이 몸과 마음에 배게 되었다.

하루는 아들이 감을 사 들고 아버지를 방문했다. 아들은 아버지 앞에 감을 놓으며 "감 좀 드세요"라고 말했다. 그러자 기이치는 무심코 "감사합니다"라고 말한 뒤 손을 내밀었는데 손이 움직이는 것이었다. 그리고 목도 돌아가기 시작했다. 감사 고백이 보여주는 기적의 힘이었다.

가와가미 기이치는 과연 어떤 기본 성향을 가진 사람이었을까? 그는 성실성의 성향을 많이 가진 것 같다. 외향성도 보이고 개방성의 성향도 있어 보인다. 감사 7계명 가운데 제3계명을 잘 고백한 것이다. 의사 선생의 처방을 그대로 지키며 반복한 것이 기적을 경험하도록 만들어준 것이다.

기이치의 감사 고백은 단순한 주문이 아니었다. 그렇다면 그의 감사 고백은 어떤 마음에서 비롯되었을까? 전신 마비가 된 자신의 처지를 걱정했을 것이다. 아무것도 할 수 없다는 절망감도 자리하고 있었을 것이다. 인생을 비관적으로 바라보며 자신의 처지를 원망하는 마음도 있었을 것이다. 하지만 감사 고백은 절망, 원망, 분노 등의 마음을 해체해 깨끗이 날려보냈다. 얽히고 상처 나고 암울한 마음이 풀리자 몸이 원래 상태로 회복된 것이다. 창조 상태로의 회귀가 일어난 것이다. 그의 반복적인 감사 고백은 감사 제5계명도 잘 지켰다고 말할 수 있다.

빅 파이브를 통해 다섯 가지 기본 성향을 살펴본 이유를 다시 설명하겠다. 자신의 기본 성향을 파악하면 자신이 잘할 수 있는 감사 고백과 잘 못하는 감사 고백을 알 수 있다. 그러면 자신이 어느 감사 계명의 힘을 잘 발휘할 수 있는지 알 수 있다. 살아가며 자신에게 주어진 상황에서 실천할 수 있는 감사 고백의 힘을 잘 활용하는 지혜를 갖게 되는 것이다. 또 상황에 따라 감사 고백을 제대로 하지 못해 감사 고백의 힘이 별 유익이 되지 않을 때 의지적으로 감사를 고백하는 마음의 자세도 가질 수 있다. 또한 미리 자신의 약한 부분을 훈련하는 노력도 시도해 볼 수도 있다.

감사를 통해
나타나는 기적

신앙 덕목 실천을 위한 플랫폼

"구슬이 서 말이라도 꿰어야 보물이다"라는 옛말이 있다. 믿음이 크든 작든 실천해야 믿음이다. 믿음의 지식이 아무리 많아도 실천이 없으면 가식이고 위선일 뿐이다. 그런데 그 실천이 쉽지 않다. 영적 싸움을 해야 하기 때문이다. 세상 환경과 우리 안에 있는 많은 것이 우리가 알고 믿는 대로 하도록 내버려두지 않는다. 설사 한두 번 실천했다고 해도 삶에서 꾸준히 하는 것을 방해한다. 이때 지속적으로 실천하도록 해주는 것이 감사다. 감사 고백을 통해 계속 이어지게 하는 것이다.

감사는 다양한 신앙 덕목의 앱이 쉽게 작동할 수 있도록 해주는 신앙 플랫폼이다. 실천하고자 하는 덕목이 있다면 먼저 진심을 담아 "감사합니다!"라고 고백한 뒤에 시작하면 된다. 먼저 감사를 고백하면 사랑하고 인내하고 화평을 추구하며 낮아지고 겸손해지려는 신앙의 모든 덕목 실천을 쉽게 시작할 수 있다. 감사한 마음이기에 기쁨이 있고 평화를 누릴 수 있으며 참아내고 받아들이고 베풀고 헌신하고 절제할 수 있다. 악에 지지 않고 선으로 갚을 수 있게 해준다. 일곱 번씩 일흔 번의 용서를 시작하도록 돕는다. 이 산을 저리로 옮기라는 믿음도 가능하다. 원수를 사랑하라는 말씀도 감사로 시작하면 마음이 열리기 시작한다.

부정적인 생각 가운데 잘못된 자기 확신이 있다. 세상이 인정하지도 환영하지도 않는 그런 확신이다. 세상은 우리를 봐주지 않는다. 이런 세상의 반응에 귀를 기울일 줄 아는 지혜나 겸손이 없으면 못난 자기 확신을 수정하지도 포기하지도 못한다. 인생의 해결책을 찾지 못하고 결국 오리무중의 인생길로 빠지고 만다.

이런 인생에서 빠져나오는 방법이 "감사합니다!"라는 감사 고백이다. 빠져나온다는 것은 긴 미로를 돌아 나오는 것이 아니다. 잃어버린 그 자리에서 시작할 수 있다. 이 감사 고백은 자신의 부족함을 인정하되 동시에 부족한 자신을 미워하거나 감추려고 하지 않는 사랑과 겸손의 태도를 갖게 해준다. 그래서 아무것도 없는 상태로 돌아가 다시 시작하는 것이 가능하다. 감사 고백은 과거로부터 빠져나와 자신의 못난 모습에 붙잡히지 않도록 해준다. 못난 자신을 버리고 하나님이 자신을 받아주시리라는 것을 믿는 고백이다. 도와주시고 함께해 주실 것을 믿는 것이다. 자기 뜻대로 안 되는 마음을 단 한 번에 해결하는 방법, 그것은 "감사합니다!"라는 고백이다.

감사 복원력

미국의 실업가 스탠리 탠은 사업을 통해 큰돈을 벌었는데, 1976년 척추암 3기 진단과 함께 수술 치료 불가 진단을 받게 되었다. 그런데 몇 달 뒤 그는 병상을 툭툭 털고 일어났다. 이 모습을 보고 모든 사람이 깜짝 놀랐다. 어떻게 이런 기적 같은 일이 일어났는지 궁금해하는 사람들에게 그는 "하나님께 감사만 했더니 병이 다 나았습니다. 병들게 된 것도 병들어 죽게 된 것도 죽음 앞에서 하나님께 감사한 것밖에는 없습니다. 하나님께 무조건 감사했습니다. 무조건 감사했더니 암세포가 다 없어졌고 건강이 회복되었습니다"라고 말했다.

너무 단순한 이야기여서 쉽게 믿기지 않았다. 도대체 단순한 감사 고백이 어떻게 이런 결과를 만들어낼 수 있었을까? 결과는 감사의 자기 복원력이다. 감사 고백을 제대로 하면 이런 기적이 일어난다는 것이다. 도대체 감사는 어떻게 이런 기적의 결과를 만들어내는 것일까?

텍사스주립대학교 MD앤더슨 암센터에서 31년간 연구한 김의신 박사는 교회 성가대원과 일반인의 세포를 비교하는 실험을 했다. 성가대원에게서 면역세포인 NK세포가 일반인보다 1,000배가 많다는 사실을 발견했다. 성가대 활동이 우리 몸에 어떻게 그런 효과를 일으키는지는 잘 모른다. 다만 성가대에서 찬양을 부르는 것이 감사 고백과 유사한 효과를 만들어낸 것이라면 감사 고백이 몸의 불치병을 치료하는 기적을 일으킨다는 것을 얼마든지 받아들일 수 있다.

우리가 행하는 모든 신앙 행위의 핵심은 감사다. 성경의 하나님을 제대로 이해한다면 그렇다. 창조주 하나님, 구속자 예수님, 우리와 함께하시는 성령님이 우리의 아버지가 되신다는 사실만 제대로 이해해도 하나님에 대한 우리의 신앙 반응은 감사일 수밖에 없다. 온 세상을 만들어 우리에게 거저 주셨고, 영원히 멸망할 수밖에 없는 죄인을 위해 예수님이 대신 돌아가심으로써 우리는 영생을 선물로 받았고, 우리의 연약함을 아시고 성령님은 어딜 가든지 함께 계신다. 하나님을 믿는 것으로 모든 혜택을 받아 누리는 우리가 보여야 할 반응은 당연히 감사다. 따라서 감사 고백은 우리 몸에 과학 상식을 뛰어넘는 영향을 끼친다. 창조의 원형에 가까운 몸의 회복이 일어난다고 말할 수 있다.

감사 고백으로 세포가 그렇게 달라진다는 것은 감사가 창조 원리에 근거한다는 사실을 말해 준다. 구원도 회복도 사실은 창조 상태로 돌아가는 것이다. 결국은 감사하는 마음이 그 핵심이다. 진정으로 감사하는 마음만 있다면 놀라운 기적이 일어난다. 하지만 감사하는 마음이 저절로 생기는 것은 아니다. 쉽게 되지 않는다. 실제로 감사 고백의 결과를 경험한 사람들의 이야기를 종합해 보면 처음에는 감사의 마음이 진심에서 우러나오지 않아도 "감사합니다"를 수천 번 반복하면 진실한 감사 마음이 생기고 기적을 체험한다는 것이다.

감사 고백이 가져온 기적

우리에게 널리 알려진 감사에 대한 또 하나의 실험 결과가 있다. 물을 마시기 전 앞에 놓고 감사 기도를 드리면 그 물이 우리 몸에 흡수가 가장 잘 되는 육각수로 변한다는 실험이다. 과학의 시각으로만 보면 역시 이해가 안 되는 이야기다.

그런데 감사가 창조 세계의 원리라는 신학적 관점에서 보면 자연 세계와 영적 세계와의 연결점이 보인다. 감사는 단순히 우리의 마음 표현에 국한된 것이 아니다. 인간 마음 체계의 DNA를 이루는 영적 덕목이며, 물질세계의 구성 원리이기도 하다. 그래서 감사 고백은 물질세계와도 교통할 수 있다. 감사는 인간을 포함한 창조 세계의 질서를 이루는 기본 연결망으로 감사 고백을 통해 감사 네트워크를 활성화시키면 우리 삶과 환경을 창조 상태로 돌아가게 할 수 있다. 이것을 우리는 기적으로 경험하는 것이다.

성경은 기도를 통한 많은 기적을 보여준다. 그래서 우리 삶에 기적을 기대할 때마다 무릎을 꿇어야 한다. 기적이 기도를 통해 나타난다고 믿기 때문이다. 이 점에 전적으로 동의한다.

우리 삶에 기적을 기대한다면 장황한 기도보다 범사에 감사하면 된다. 감사로 기도를 채우면 기적이 일어난다. 어떻게 보면 차원 높은 기도는 감사 고백이다. 능력의 기도는 감사의 외침이다. 성경에 나오는 수많은 기도가 감사로 이루어져 있다.

믿음은 기본적으로 보상을 기대한다. 기도하면, 충성하면, 십일조를 드리면, 봉사하면 하나님이 우리가 원하는 것을 주시리라고 믿고 기대한다. 나는 이 모든 신앙 행위를 하나로 묶어 감사하라고 말하고 싶다. 감사 고백에 물도 반응하고 기계도 양파도 반응한다.

감사하면 하나님이 반응하신다. 그래서 감사는 수직 언어다. 하늘로 올라가는 말이다. 하나님이 직접 받으신다. 하나님은 받으면 응답하신다. 욕심이나 장황한 표현이 섞인 기도를 버리고 차라리 간단하게 감사 고백을 하자. 감사는 고백이기도 하지만 삶의 실천도 포함된다는 것이 중요하다. 감사의 삶이 기도로 하나님께 드려진다. 감사는 우리 신앙을 정제한다. 절제, 수용, 겸손 등의 모든 신앙 덕목을 삶 가운데서 실천할 때 영적으로 용해되어 나오는 정제물이 감사다.

감사 고백 훈련

우리는 일상생활에서 감사 표현을 많이 하며 살아간다. 이는 인간의 마음이 감사 DNA를 갖추고 있기 때문이다. 하나님을 몰라도 하나님이 창조하신 인간의 마음에 감사 DNA가 장착되어 있어서 본능적으로 감사를 느끼고 표현한다. 감사의 영적 실체를 몰라도 감사를 표현할 때 경험하는 효과는 대단하다. 누구에게든지 감사 표현이 풍족한 인생을 만들어 주는 이유가 여기에 있다. 감사는 풍성한 삶의 토대이자 출발이다.

"감사의 말이 혀에 붙기 전에는 아이에게 아무 말도 가르치지 말라." 유대인의 격언이다. 이는 어려서부터 창조 신앙을 마음속에 심어야 한다는 뜻이다. 아니 아이의 마음이 세상에 오염되기 전 마음속 감사 DNA가 작동하도록 가르쳐야 한다는 것이다. 왜 그들이 세계를 지배하는 능력의 민족이 되었는지 알 수 있다. 인간이 태어나 가장 먼저 체득해야 하는 것이 감사다. 그 감사는 인생을 풍성하게 만들어 준다.

아이들에게 감사를 가르치는 교육적 의미는 감사 교육을 통해 창조의 마음이 발현되도록 하는 것이다. 그러면 감사를 통해 창조의 놀라움과 풍성함을 체득하며 살게 된다. 감사 원리를 따라 사는 인생에 창조의 역사가 나타나는 것은 당연한 일이다. 유대인의 탁월함은 바로 감사에 근거한다. 무에서 유를 만들어내는 창조가 쉽고 자연스러운 것이다. 감사 고백은 세상 사람들과 비교했을 때 차별화된 능력이 될 수밖에 없다. 감사가 구체적으로 어떻게 창조력으로 나타나는지 과학적으로 설명할 수는 없다. 다만 감사가 창조력 발휘의 씨앗이라는 것만은 분명하다.

하나님의 사랑으로 이 세상이 만들어졌다. 이 위대한 사랑의 업적을 마음속 깊이 인식하면 저절로 나오는 고백이 감사다. 우리는 감사 표현을 통해 하나님의 사랑이 가진 위대함을 체득할 수 있다. 하나님의 사랑을 알고 깨닫고 마음속에 새기는 것은 감사를 통해 이루어진다. 신앙 공동체를 이룬다는 것은 바로 이 감사 네트워크를 함께 만들고 구현하며 사는 것이다.

신앙 실천과 성숙의 핵심은 감사다. 누가 뭐라고 해도 이 점은 확실하다. 우리가 태어나고 죽을 때 해야 할 한 마디 고백이 있다면 감사일 것이다. 우리는 살면서 감격할 때마다 감사하고 좋은 일이 있을 때도 감사한다. 그뿐 아니라 고난과 실패의 순간에도 감사한다. 감사는 우리 신앙의 시작과 마침을 대표하는 신앙 덕목이다. 감사에 대한 감사 신학을 제시한 이유가 여기에 있다.

감사 찬미

이 책을 마무리하며 감사의 마음이 새롭게 솟아났습니다.
그 마음을 노래합니다.

감사가 답이었습니다.
생각해 보니 감사가 답이었습니다.
그래서 나는 오늘도 감사 기도를 드립니다.
눈을 들어 하늘을 보며
나의 도움이 되시는 하나님을 향해서.
그것이 풍성한 삶의 시작이기 때문입니다.
하루를 방황하다가도 감사 고백에 방황을 멈춥니다.
감사에 하나님이 보이고 세상도 보이고
그리고 나도 보입니다.
내가 어디에 있는지 알지 못하고 방황하다
감사로 입을 여니 모든 것이 일시에 보입니다.
감사로 시간을 다시 맞춥니다.
오늘도 감사를 또 이어갑니다.
혼돈과 불평, 원망, 아우성, 울분, 답답함을
일시에 날려 보냅니다.
그것은 감사의 말 한 마디였습니다.
아니 그것은 해결이 아니었습니다.

내 삶의 자리를 찾는 것이었습니다.
불평하던 일들이 여전히 팽개쳐진 그대로 있고
원망스러운 사람들은
아직도 눈앞에서 사라지지 않았습니다.
험악한 세상은 하나도 변한 것이 없고
도도하게 자기 모습 그대로 서 있습니다.

하지만 달라진 것이 하나 있습니다.
제 자리가 달라졌습니다.
아니 제 자리를 찾은 것뿐입니다.
감사의 자리였습니다.
이 세상을 넉넉히 이기는 능력은
바로 거기에 있었습니다.
감사의 자리를 찾는 것.
그리고 그 자리를 지켜 나가는 것.
그래서 알았습니다.
내 삶의 능력은 신비한 능력을 소유하는 것이 아니라
내 감사의 자리를 찾는 것임을.
나의 감사 고백을 통해 하나님이 드러나게 하는 것이
가장 큰 능력임을 알았습니다.
결국 감사가 답이었습니다.

감사가 부족했던 삶

가끔 필립 얀시(Phillip Yancy)의 《아, 내 안에 하나님이 없다》라는 책제목이 떠오르곤 한다. 어느 날 갑자기 '내가 정말 목사인가?' 하는 의문이 찾아왔다. 나는 목사가 되고 나서 눈에 띄는 고난이라고 할 만한 사건을 겪지 않았다. 그런데 성경의 위대한 인물들은 축복보다 고난을 통해 하나님의 사람으로 세워졌다는 사실이 뇌리를 스쳤다. 야곱의 삶도, 요셉의 삶도, 사도 바울의 사역 과정도 모두 고난과 역경의 연속이었다. 이 확연한 대비가 일종의 자괴감이 되어 잔잔한 내 마음의 호수에 돌을 던진 것이다.

나는 중산층 집안에서 태어나 그다지 어렵지 않은 환경에서 자랐다. 공부도 웬만큼 해서 남들이 가고 싶어 하는 대학교 중 하나를 입학했는데, 졸업을 앞두고 하나님을 만나 목사가 되었다. 그리고 외국 유학까지 다녀와 신학교 교수로 살아왔고, 하나님의 은혜로 신학대학교 총장까지 되었다.

　내 삶을 간증한다고 생각해 보니 잘나가는 목사의 삶으로 축복해주셨다는 것 외에 특별히 극적인 하나님의 역사를 찾아볼 수 없었다. 인생의 모든 여정이 하나님의 축복임을 분명히 고백하지만 많은 사람에게 하나님의 은총을 전하기 위해 내 인생을 소개한다면 자칫 자기자랑처럼 보일 수도 있겠다는 생각이 들었다. 내 삶에 무엇인가 중요한 것이 하나 빠진 것 같다는 생각을 지울 수가 없었다.

　곰곰이 생각해 봐도 하나님이 내 삶의 엄청난 위기를 놀랍게 해결하셨다는 뚜렷한 사건이 떠오르지 않는다. 명확한 음성으로 말씀해 주셨다는 체험도 없다. 죽을 고생 가운데 체험했던 하나님의 도움 같은 내용도 찾아볼 수 없다. 무엇보다 목사로서 했던 모든 설교가 과연 성도들에게 깊은 영적 감동과 변화를 주었을까 하는 의심이 불쑥 솟아오르자 마음속 깊은 곳으로부터 올라오는 자괴감을 지울 수가 없다.

그렇다고 머리로만 아는 하나님을 믿은 것은 아니다. 하나님과의 첫 만남은 바울만큼이나 극적이었다. 스물네 살의 나이에 예수를 만나 생전 처음 교회에 다니기 시작했다. 두 달이 채 못 된 어느 날, 가까운 기도원에 따라갈 기회가 있었다. 첫날 밤 산에 올라 성도들과 함께 둥그렇게 둘러앉아 기도하던 중 성령님의 강한 임재를 체험하며 하나님을 만났다. 방언도 받았다. 밤새 울었다. 놀랍게도 그 후 좋지 않았던 몸이 건강해졌다. 그리고 평소 내 마음을 짓누르고 있던 삶을 힘겹게 만드는 깊은 불안의 문제까지도 해결되는 생생한 은혜를 체험했다.

그런데 그것이 전부였다. 주님을 극적으로 만난 뒤 하나님의 강권적인 역사나 기적적인 사건 등을 겪은 기억이 없다. 물론 예수를 믿지 않는 집안이었던 터라 신학교 3년간 집에서 나와 자취하며 살 수밖에 없었던 서러운 때도 있었다. 하지만 신대원 등록금을 내 능력으로 마련했던 적이 한 번도 없었다. 모든 삶이 한 치의 오차도 없는 주님이 함께하신 길이었다. 결혼 후 바로 미국으로 유학을 떠나 10년 만에 귀국하여 대학교 교수가 되는 동안 하나님은 네 딸을 선물로 주셨다. 이 모두 감사할 일이지만 나이 60이 되어 내 삶을 돌아보니 여전히 2퍼센트 부족하다는 느낌을 지울 수가 없었다.

하나님의 배려

한국 굴지의 대기업에서의 직장생활, 신학교 졸업 후 미국 유학 기간의 이민 교회 목회, 귀국 후 한동대학교 교목실장, 교수 사역, 담임 목회, 교회 개척과 성전 건축 등 여느 목회자 못지않은 다양한 경험을 거쳐 신학대학교 총장으로 부임하게 되었다. 한국 교회의 부흥을 위해서는 대안 신학교가 필요하다는 개혁적 사고를 갖고 총장직에 임했다. 임기 시작부터 한국 교회와 신학교의 본질을 되찾고자 하는 새로운 일을 시도했다. 밥 한술에 배부를 수는 없지만 다른 신학교와 차별되는 일을 시작했다는 자부심도 있었다.

그런데 이 모든 과정이 간단치 않았다. 내 평생 믿음을 가지고 사는 동안 생각지도 못했던 힘든 일을 한데 모아 겪게 하신 것 같다. 고난 없이 걸어온 평탄한 내 인생의 여정에 문제가 있는 것은 아닐까 하는 생각은 나의 영적 사치와 교만에서 온 것이었다. 한 마디로 하나님이 영적 사치로 포장한 나의 숨겨진 교만을 깨신 것이다. 하나님의 특별한 배려였다.

총장 임기를 마치면서 내 삶에 충분한 감사가 없었음을 깨닫게 되었다. 이제야 내 삶의 고난과 기쁨, 그것이 크든 작든 감사 고백으로 살아야 한다는 것을 깨닫는다. 임기 4년 동안 총장직을 내려놓아야겠다는 생각을 수도 없이 했다. 그러나 감사하게도 주위에 훌륭한 신앙의 선배가 많았다. 하나님이 그분들의 조언에 귀를 기울일 수 있는 은혜를 주셔서 중도하차의 불명예를 피할 수 있었다. 임기를 잘 마친 것이다. 부족한 사람을 격려하고 살아 있는 지혜를 가르쳐 주신 모든 분에게 감사의 마음을 전한다.

이 과정에서 감사에 대한 책이 만들어졌다. 이 책을 준비하면서 '사랑보다 감사'라는 생각을 하게 되었다. 이 책을 읽는 모든 성도가 나와 같은 감사의 깨달음이 있기를 기대한다. 그리고 매일 감사 고백을 쌓아가는 것을 신앙의 목표로 정하는 복된 삶이 이어지기를 소망한다.

"안타깝다! 감사가 부족했던 인생!" 이 한 마디가 지나온 내 신앙 인생의 요약이다. 아쉽고 안타까운 마음의 표현인 것이다. 하지만 책을 끝내면서 이 사실을 뒤늦게나마 알게 된 것만도 감사할 일이라는 깨달음을 얻었다. 이제야 감사가 넘치는 인생과 그렇지 못한 인생의 뚜렷한 대조를 알아차렸기 때문이다. 온전한 감사 고백의 의미를 아는 인생을 시작하고 보니 지나간 인생을 끌탕한다는 것이 아무런 의미가 없다는 것도 깨닫는다. 이를 반면교사로 삼아 지금 누리는 감사 고백의 인생을 더 열심히 살아가는 데 도움으로 삼을 것이다.

"하나님! 내 삶의 모든 것이 감사입니다!"